KB131756

참 한국사 이야기

3

조선 시대

참 한국사 이야기

3

조선 시대

장득진 외 5인 지음

간행사

과거로부터 지혜를 얻고 현재와 미래를 바라보는 통찰력을 넓히기 위해서는 역사 공부가 중요하다. 21세기 다변화하는 현대 사회에서 자기 나라에 대한 역사 이해는 정체성 확보를 위한 필수적 요건이다. 또한 역사를 잊으면 바람직하지 못한 역사가 되풀이 된다는 사실에서 더욱 그러하다. 이러한 이유로 한국사에 대한 관심이 높아지는 실정이다.

이 책은 몇 년 전에 나온 『신한국통사』의 대중서로 편찬하였다. 『신한국통사』는 내용이 깊고 분량이 많은 전문적인 역사서였다. 그리하여 더 많은 사람들이 읽기 쉬운 한국사 대중서의 필요성을 이 책이 어느 정도 충족하리라 본다.

근래 한국사 공부에 대한 열기로 많은 한국사 개설서가 간행되고 있다. 그러나 특정 주제로 국한되거나 일부 계층을 대상으로 하기에 교과서와 같이 전체적인 한국사의 흐름을 보여주지는 못하고 있다. 이 책은 이러한 한계를 극복하기 위해 한국사 가운데 꼭 알아야 할 사항으로 평가되면서도 학문적 검증을 거친 역사적 사실을 수록하였다.

쉽지만 꼭 필요한 내용만을 담은 이 책의 독자층은 역사를 좋아하는 초등학생부터 한국사에 관심을 가지고 있는 일반인들까지 다양할 것이다. 그만큼 읽기 쉽고 필요한 내용을 담고 있다.

이 책은 전문적으로 한국사를 공부하는 학생들에게는 적합하지 않을 수도 있겠으나 문제의 난이도가 비교적 쉬운 대학수학능력시험이나 한국사능력검정시험에서 고득점을 얻기에는 충분한 내용으로 구성되었다.

이 책은 4권으로 구성하였다. 1권은 선사시대부터 통일신라, 발해까지를 2권은 고려 시대, 3권은 조선 시대, 4권은 개항 이후부터 현대까지를 수록하였다.

이 책의 가장 큰 특징은 많은 시각 자료를 수록하여 텍스트로만 구성된 책보다는 한국사를 이해하는데 큰 도움을 준다는 점이다. 아울러 일반적으로 유적과 유물 사진을 크게 편집하고 교과서와 유사한 편집 체제를 사용하여 독자들에게 친근감을 줄 수 있을 뿐만 아니라 가독성도 높여주고 있다. 또한 어렵고 이해하기 어려운 역사 용어를 풀어 서술함으로써 쉽게 읽을 수 있다는 장점이 있다. 이 책에 수록된 사진들은 대부분 장득진이 전국의 문화유산을 찾아다니며 15년 이상 촬영해온 결과물이기도 하다.

이 책을 많은 청소년들이 읽어 바람직한 역사 인식을 가지게 되고, 나아가 일본의 역사 왜곡과 중국의 동북공정 등 한·중·일 역사 전쟁에서 우위를 점했으면 한다. 뿐만 아니라 자랑스러운 우리 역사에 대한 자긍심을 가지고 민족적인 정체성을 확립하는데 도움이 되기를 바란다.

한국역사문화교육연구회는 재외 동포들에게 한국의 역사와 문화를 알리기 위해 만들어진 단체이다. 이 책이 재외 동포들의 우리 역사 이해에 도움이 되었으면 하는 바람이다. 끝으로 이 책의 완성도를 높이기 위해 감수를 맡아 주신 최병도·김유성 선생님과 검토해 주신 신익수 선생님 및 주류성출판사 관계자들에게 깊은 감사를 드린다.

2018년 1월

한국역사문화교육연구회

대표 필자 장 득 진

차례

조선의 발전과 변화

종묘(서울 종로)
조선 시대 역대의 왕과 왕비 및 추존된 왕과 왕비의 신주를 모신 사당이다. 1394년 태조가 한양으로 천도할 때 중국의 제도를 본떠 궁궐의 동쪽에 짓기 시작하여 이듬해 9월에 완공했다. 그 뒤 여러 차례 중축됐고, 임진왜란 때 불에 탔다가 1608년(광해군 즉위년) 중건되어 오늘에 이른다.

종묘제례악
종묘는 왕과 왕비의 신주를 모신 사당이다. 종묘를 뒤의 글자 때문에 '묘(墓)', 즉 무덤으로 착각할 수 있는데, 이때 쓰인 '묘(廟)'자는 사당을 뜻한다. 신주는 돌아가신 분의 이름과 돌아가신 날짜를 적은 나무패인데 우리 조상들은 이 나무패가 돌아가신 분의 영혼을 대신한다고 믿었다. 그래서 임금들은 역대 임금과 왕비의 신주를 모신 종묘에서 제사를 지냈다. 이렇게 제사를 지내는 것을 제례라고 했는데, 제례는 나라의 중요한 행사로서 치러졌다. 제례를 행할 때에는 궁중의 음악가들이 음악을 연주했는데 이를 제례악이라고 했다. 조선의 제례악은 세종이 악보를 통해 남겨놓아 그 음이 잘 남아있다. 제례가 시작된 중국에서는 그 음악이 남아 있지 않지만, 조선의 제례악은 아직까지 남아있기 때문에 유네스코에서는 종묘제례악을 인류 무형 문화유산으로 지정했다.

3권

조선의 발전과 변화

14세기 후반에 이르러 고려 왕조는 통치 체제의 약화와 왜구, 홍건적 등 이민족의 침입으로 어려움을 겪었고 이러한 대내외의 위기 상황에서 왜구 등을 물리쳐 이름을 날린 최영, 이성계 등의 무인 세력이 성장하였다. 변방 출신이었던 이성계는 위화도 회군을 단행하여 정도전, 조준 등의 세력과 손을 잡고 최영과 권문세족을 제거하고 정권을 잡았다. 1392년 7월 이성계는 신하들의 추대 형식을 취하여 개성의 수창궁에서 왕위에 올라 조선을 건국했다.

조선 왕조는 유교(성리학)를 통치 이념으로 삼아 중앙 집권 체제를 마련했다. 이후 정치 세력은 훈구파와 사림파가 대립하다 결국 사림파가 집권하였고, 사림은 다시 동인과 서인으로 나뉘고 말았다. 조선 사회는 왜란에 이어 호란을 겪으면서 국가적 위기를 맞이하게 되었고, 양 난을 겪으면서 체제가 크게 동요하자 정부는 영정법·대동법 등 여러 개혁을 추진하였다.

또 조선 후기에 들어서는 사회·경제적으로 큰 변화가 나타났다. 농업·상공업과 대외 무역의 발달 등 경제 활동이 활발해지면서 전통적인 신분 질서의 변화를 가져 왔다. 이러한 변화 속에서 문화에도 새로운 변화의 움직임이 나타났다. 성리학이 사상적으로 경직되어 가는 속에서 양명학이 새롭게 주목되고, 실학이 등장하여 사회 개혁을 주장하였다. 또 서민 의식의 향상으로 동학과 서학(천주교)의 새로운 종교가 전파되었으며, 아울러 영조와 정조는 탕평 정책을 실시하여 왕권 강화와 민생 안정을 펼쳤다. 그러나 19세기 세도 정치로 인한 정치 기강의 문란과 경제의 파탄 속에서 제국주의 열강들은 조선으로 하여금 문호를 열고 통상을 하도록 요구하였다.

그때 우리는

1392	조선 건국
1416	4군 설치
1441	측우기 제작
1446	훈민정음 창제
1485	경국대전 완성
1543	백운동 서원 건립
1575	동서 붕당
1592	임진왜란 (~1598)
1623	인조반정
1635	영정법 제정
1636	병자호란
1678	상평통보 주조
1708	대동법 전국 실시
1750	균역법 실시
1811	홍경래의 난
1862	임술 농민 봉기

그때 세계는

1405	명, 정화의 남해 원정
1455	구텐베르크, 금속 활자 발명
1453	동로마 제국 멸망
1492	콜럼버스, 아메리카 도착
1498	바스쿠 다가마, 인도 항로 발견
1517	루터, 종교개혁
1573	명, 일조편법 실시
1603	일본, 에도 막부 개창
1616	여진, 후금 건국
1644	명 멸망, 청 중국 통일
1689	영국, 권리장전
1789	프랑스 혁명
1840	아편 전쟁
1860	베이징 조약 체결
1861	미국, 남북 전쟁

01

유교정치를 펼치다

한양 도성(서울)

조선의 수도 한양의 주위를 둘러싸고 있는 도성으로 사적 제10호이다. 태조 4년(1395) 도성축조도감을 설치하고 한양을 방위하기 위해 석성과 토성으로 성곽을 쌓았다. 여기에는 흥인지문(동) · 돈의문(서) · 숭례문(남) · 숙정문(북)을 두었다. 이 가운데 동대문에만 성문을 이중으로 보호하기 위한 옹성을 쌓았다. 또한 동북의 혜화문 · 동남의 광희문 · 서북의 창의문 · 서남의 소덕문의 4소문을 두었다. 이후 세종 4년(1422)에 흙으로 쌓은 부분을 돌로 다시 쌓았고, 숙종 30년(1704)에는 정사각형의 돌을 다듬어 벽면이 수직이 되게 쌓았다. 이처럼 한양 성곽은 여러 번에 걸친 수리를 하였다.

경복궁 근정전(서울)

경복궁의 중심이 되는 건물로 조선 왕실을 대표한다. 1395년 지어졌으나 임진왜란 때 불에 타 고종 4년(1867)에 흥선대원군에 의해 다시 지어졌다. '경복(景福)'이란 '새로운 왕조가 큰 복을 누려 번영한다'는 의미가 있다.

1. 나라를 세우고 통치 체제를 마련하다

고려에서 조선으로 나라가 바뀌면서 나타난 변화는 단순히 임금의 성이 왕씨에서 이씨로 된 것이 아니었다. 이때 나타난 가장 큰 변화는 바로 나라를 다스리는 근본 생각이 바뀌었다는 점이다. 왕건이 세운 고려가 불교의 나라였다면, 조선을 세운 이성계와 신진 사대부들은 조선을 유교의 나라로 만들고자 했다.

조선의 정치는 크게 임금을 모시고 한양에서 정치를 하는 중앙 정치 조직과 한양을 제외한 각 지역을 다스리는 지방 정치 조직으로 나누어진다. 먼저 중앙에는 나라의 중요한 일을 결정하는 의정부가 있었다. 가장 높은 벼슬인 영의정·좌의정·우의정의 3정승이 모여 회의하는 기관이 바로 의정부였다.

한양
한양은 한강 하류 지역에 위치하고 나라의 중앙에 있어 교통이 편리했다. 게다가 주변이 산들로 둘러싸여 있어서 방어하기 유리했다. 조선 왕조는 1393년 국호를 조선이라 하고 1394년 수도를 개성에서 한양으로 옮겼다. 한양은 1395년 한성부로 개편되면서 한성이라고도 불리었다.

사직단(서울 종로)
사직단은 임금이 1년에 4차례 농사와 관련된 신들에게 제사를 지내는 곳이었다. 사직단은 고려 때도 있었다. 우리 조상들은 일찍부터 농경 생활을 해오면서 농업을 나라의 중요한 일로 삼았었다. 임금은 사직단에서 농사를 짓는 시범을 보이며 풍년이 되기를 빌었다. 조선 시대에도 고려의 전통에 따라 궁궐(경복궁)의 동쪽에는 임금의 조상을 모신 종묘를 두었고, 서쪽에는 농사가 잘 되길 비는 사직단을 세웠다.

그 아래에는 6조라는 실제 나라 살림을 운영하는 기관들이 있었다. 6조는 이조·호조·예조·병조·형조·공조 이렇게 6개의 부서로 나누어져 있었다. 이들 중 이조는 문관에 대한 인사 행정이나 관리들이 근무를 얼마나 잘하는지 평가하는 일을 했다. 그리고 호조는 세금을 걷거나 나라의 재산을 관리하는 일을 했다. 또 예조는 교육과 나라의 각종 행사 및 외교를 담당했고, 병조는 나라를 지키는 국방과 무관에 관한 인사 행정의 일을 도맡아 했다. 그리고 형조는 법률에 관한 일과 죄인에 대해 어떻게 처벌할지를 정했고, 공조는 궁궐과 성곽 등을 짓거나 길과 다리를 내는 일을 했다. 이렇게 나라 살림을 운영하는 기관들과 함께 임금의 곁에서 임금의 뜻을 신하들에게 전하기 위해 비서실을 두었는데, 그게 바로 승정원이다.

조선의 임금은 신하들과 정치를 의논하여 나라의 중요한 일들을 결정했다. 행정 기관들 중에는 사헌부·사간원·홍문관을 뜻하는 삼사가 있어, 임금과 신하들이 올바른 정치를 하도록 자문하거나 신하들이 비리를 저지르지 않도록 감시했다.

이밖에도 임금의 명령에 따라 범죄를 수사하고 범죄자를 처벌하는 의금부, 역사를 기록하고 실록을 편찬하는 춘추관, 최고의 교육 기관인 성균관이 있었다.

조선 시대의 지방 행정 구역은 오늘날과 비슷하게 나뉘어져 있었다. 전국을 경기·충청·경상·전라·황해·강원·평안·함경의 8개 도로 나누었다. 8개의 도 안에는 고을의 크기, 인구의 많고 적음에 따라 다시 부·목·군·현을 두었다.

조선 시대에는 고려 시대와는 달리 전국의 모든 군과 현까지 중앙에서 지방 수령을 파견했다. 이러한 점은 조선 시대에 와서 고려 시대에 비해 중앙 정부의 지방에 대한 지배력이 더 커졌다는 점을 보여준다. 아울러 지방관은 상피제에 따라 출신 지역에 임명되는데 제한을 두었다.

조선 시대에는 나랏일을 담당하는 관리를 등용하는 제도로 과거를 비롯하여 음서, 천거, 취재 등 여러 종류가 있었다.

삼사의 역할

삼사에는 벼슬은 높지 않으나, 학문이 뛰어나고 인품도 훌륭하다고 인정받는 관원들이 모여 있었다. 이들은 임금과 관리들이 하는 일에 대해서 옳지 못한 일이 있는지 살펴보고, 만약 잘못된 일이 있으면 이를 바로잡도록 충언했다. 삼사의 관리는 특별한 일이 없는 한 나중에 판서나 정승 등 고위 관직에 오를 수 있었다.

상피제

상피란 국왕의 권력행사를 원활히 해주고, 친인척 관계로 인한 권력의 집중과 관리의 부정 및 부조리를 막기 위한 제도였다. 따라서 이 제도의 시행은 유력한 가문의 권력 독점 현상을 막고, 관리의 세력화를 차단하기 위해 일정한 범위의 친인척 관계자가 같은 관청에 근무하거나 동일한 업무를 수행하는 것을 제어했다. 대개 상피의 범위는 중앙 관직과 지방 관직은 물론이고 청요직과 권설직인 송관, 언관, 시관 등의 임명에도 영향을 주었다.

과거 시험은 크게 문과와 무과, 잡과 시험으로 나뉘어져 있었다. 문과는 관청에서 나라를 운영해가는 문관을 뽑는 시험이고, 무과는 군인들을 뽑는 시험이었다. 잡과는 의사나 법률·통역·천문학 등을 담당하는 기술관을 뽑는 시험이었다.

조선의 내외 관직

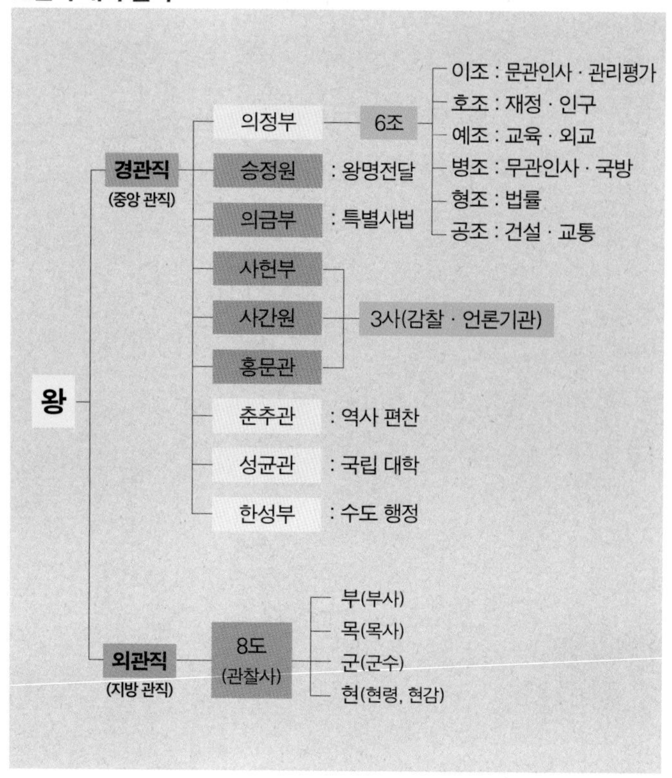

과거에서 선망의 대상은 문과였는데, 크게 두 단계로 나누어 시험을 봤다. 예비 자격 시험인 소과가 있었는데, 이 시험의 합격자를 생원과 진사라 하였기 때문에 생진과라고도 하였다. 소과에 합격하면 오늘날의 국립 대학인 성균관에 들어가 대과를 준비하거나, 바로 대과를 치를 자격이 주어졌다. 과거 시험은 3년에 한 번씩 치러졌고(식년시), 대과의 최종 합격자는 33명을 뽑았으니 과거에 합격하기가 대단히 어려웠다.

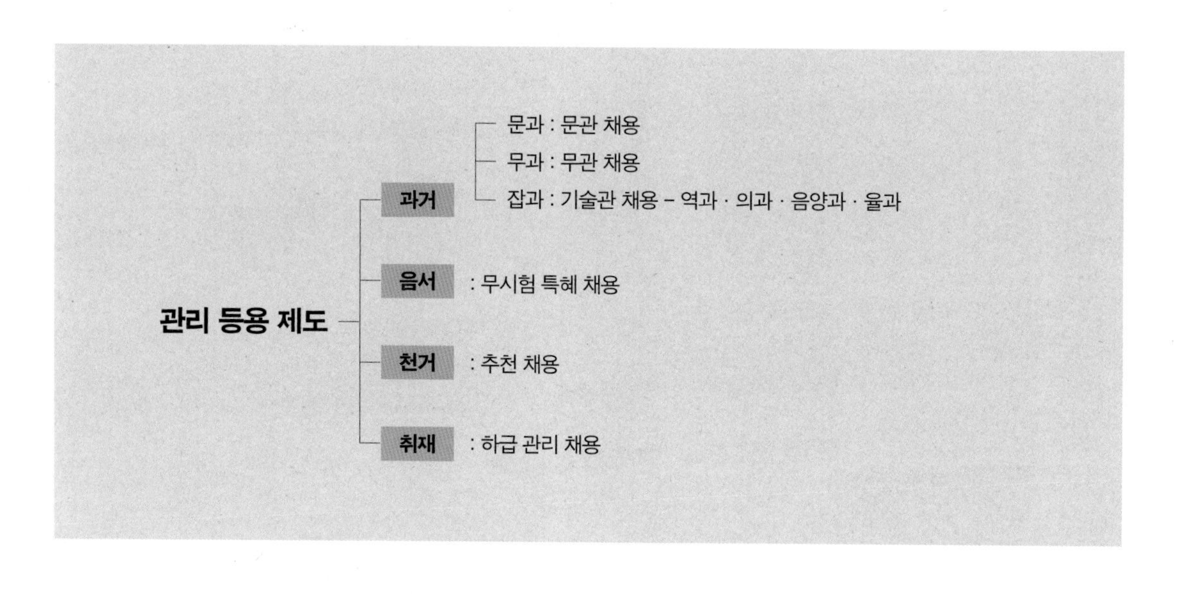

고려 시대와는 달리 조선에서 새로 생겨난 과거 시험이 있었는데 군인과 같은 무관들을 뽑는 무과가 정식 시험으로 치러졌다. 무과는 고려 말 공양왕 때 일시 치러진 적이 있었으나, 정식 시험으로서 계속되지는 못했었다. 조선 시대에 와서 무과가 정규 시험으로 치러지면서 이순신과 같은 장군이 배출될 수 있었다.

과거 시험에 합격하기 위해서는 어려서부터 시험 준비를 하여야 했다. 과거 시험은 사실 천민을 빼곤 모두 볼 수 있었지만 공부하는 데 들어가는 많은 비용과 시간을 생각해보면 사실상 과거를 양반들이 독점했다고 볼 수 있다. 과거 시험에 합격하기 위해서는 교육을 받아야 했는데, 나라에서는 오늘날의 국립대학이라고 할 수 있는 성균관을 만들어 양반 자제들을 교육시켰다.

성균관에서는 9년 동안 유교 경전과 역사, 문학 등을 배웠다. 한양에는 오늘날의 중·고등학교라 할 수 있는 4부 학당이 있었고, 지방에는 4부 학당 대신 국·공립 중등학교에 해당하는 향교가 있었다. 이 밖에 나라에서 운영하는 학교 말고도 서당, 서원 등의 사립 학교들이 있어 인재 교육에 이바지했다.

향교
조선에서는 지방의 고을마다 1개의 향교를 세워 공자와 유학 발전에 공헌한 선현에 제사를 지내고 훌륭한 사람을 기르기 위해 교육을 실시했다.

북새 선은도(국립중앙박물관)
함경도 길주에서 실시된 과거 시험 장면을 그린 것이다. 북방의 낙후된 지역이었던 함경도에서는 17세기에 와서 처음으로 과거 시험이 열렸다. 나라에서는 과거 시험을 열어 함경도 주민들에게도 관리가 될 수 있는 기회를 열어준 것이다.

성균관 명륜당(서울 종로)

'명륜(明倫)'이란 인간 사회의 윤리를 밝힌다는 의미로 『맹자』 등문공편에 나오는 말이다. 명륜당은 강의가 이루어지던 강학당으로 태조 7년(1398)에 성균관 대성전 북쪽에 건립됐다.

성균관 대성전(서울 종로)

문묘는 유교의 창시자인 공자의 위패를 모신 사당이다. 문묘의 대성전은 다른 사당처럼 단독으로 건축되는 것이 아니라 성균관과 향교에 명륜당·재 등 다른 건물과 함께 지어졌다. 문묘는 보통 유교 교육 기관인 성균관과 향교에 다른 건물과 함께 지어졌다.

더 알아보기

서원

서원은 1543년 중종 때에 주세붕이 백운동서원을 열면서 시작됐다. 이후 1550년에는 퇴계 이황의 건의를 받아들인 명종이 백운동서원에 소수서원이란 이름을 내려주면서, 국가적으로 서원을 정식 교육 기관으로 인정해 주었다. 이렇게 왕이 정식으로 인정해준 서원에 대해서는 서원을 운영할 수 있도록 서원의 이름을 쓴 현판을 내려주고, 책과 땅, 노비를 내려주었다. 이러한 형태의 서원을 사액서원이라 했다. 이렇게 나라에서 서원을 지원해 주면서 조선 후기 흥선 대원군이 서원을 정리하기 전까지 많은 숫자의 서원이 세워질 수 있었다.

나주 향교 대성전(전남 나주)
향교는 지방 고을에 세워진 학교를 말한다. 조선은 태조 때부터 각 지방에 향교를 세워 나갔다. 조선 시대에는 각 지방의 수령들의 중요한 업무 중에 하나가 향교를 잘 운영하는 것일 만큼 교육을 중요하게 생각했다.

소수서원 강당(경북 영주)
우리나라 최초의 서원으로 본래 처음에는 백운동서원으로 불렸다가 후에 왕이 소수서원이란 편액을 내려주었다. 이후 고종 때 흥선 대원군에 의해 서원이 정리될 때도 없어지지 않고 남아 있었던 서원이다.

2. 유교 국가로 발전하다

1) 유교 국가 체제를 마련하다

태조 이성계는 고려의 수도 개경에서 신하들의 도움을 받아 왕이 됐다. 이성계를 도와 조선을 세운 신진 사대부들은 왕이 힘이 아니라 덕(德)으로 나라를 다스리고 백성을 으뜸으로 삼는 민본(民本) 정치를 펼쳐야 한다고 믿었다. 이러한 생각이 바로 유교에서 강조하는 왕도정치이념이다.

왕도정치를 실현하기 위해 왕은 세자 시절부터 스승을 두고 공부를 했는데, 이를 '서연'이라고 했다. 왕이 된 후에도 '경연'을 열어 신하들과 공부를 함께 하며 나랏일을 의논했다.

그와 함께 조선을 세운 사람들은 관혼상제 의식을 유교식으로 했다. 가정에서 하는 의식을 유교식으로 하게 함으로써 백성들이 불교의 영향에서 벗어나 유교를 따르게 하고자 한 의도였다.

이처럼 조선을 세운 신진 사대부 세력은 백성들이 불교 대신 유교를 따르도록 노력했다. 왜냐하면 고려 시대에 불교 행사를 여는데 많은 재물을 소비했으며, 적지 않은 재산을 가지고 있었던 사찰이 세금을 내지

왕도정치
원래 맹자의 정치 사상으로 도덕적 교화를 통해 순리에 따라 정치를 하는 것을 뜻한다. 조선 시대 사람들은 맹자의 주장을 받아들여 인과 덕을 바탕으로 하는 정치를 주장했다.

관혼상제
머리에 갓을 써서 어른이 되는 의식인 관례, 결혼하는 혼례, 사람이 죽었을 때 장사지내는 상례, 조상을 기리는 제례를 이르는 말이다.

『왕세자 입학도첩』 가운데 제6장면인 「왕세자 수하돈」
이 그림은 왕세자가 소학이나 주자가례 등을 배울 나이에 이르면 치르던 입학례의 한 장면이다. 왕세자는 다음 왕위를 이을 왕자로서 서연을 통해 기본적인 유교 교육을 받으며, 하루에 3번 강의를 받았다. 아침 강의는 조강, 낮 강의는 주강, 저녁 강의는 석강이라고 했는데 왕세자는 조강에 배운 내용을 주강과 석강에서 복습했다. 여름과 겨울에는 방학이 있었는데, 왕실의 특별한 행사가 있을 때는 잠깐 공부를 쉬기도 했다고 한다. 그 때를 빼고는 왕세자는 신하들과 함께 늘 공부를 하여야 했다.

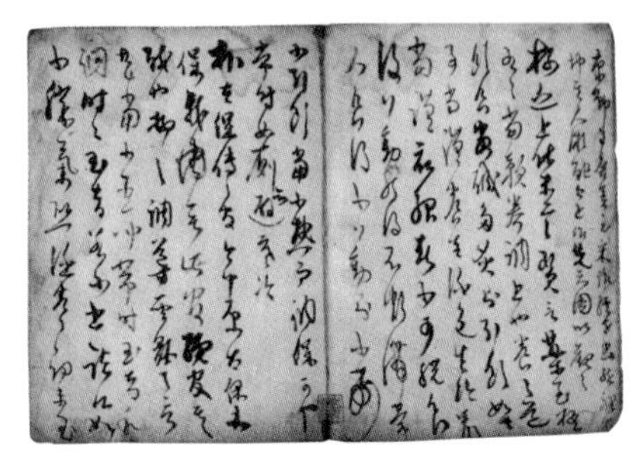

경연일기

경연일기는 성종 때부터 경연에서 임금과 신하들이 나눈 이야기를 기록한 책이다. 임금은 신하들과 유교의 핵심이라 할 수 있는 4서 5경과 함께 역사, 성리학과 관련된 책들을 공부해야 했는데, 이러한 제도를 경연이라 한다. 경연에서도 서연과 마찬가지로 아침, 점심, 저녁의 3차례에 걸쳐서 공부하는 것을 원칙으로 했다. 경연에는 높은 품계에 속하는 정승과 승지 등이 함께 참석했는데, 공부가 끝난 후 임금은 이들과 함께 나라를 다스리는 데 있어 해결해야 할 여러 문제에 대해 의논했다.

않아 나라 살림이 어려워졌다고 생각했기 때문이다.

태조 이성계는 한양을 새로운 도읍으로 정하고 도읍을 짓기 위한 공사를 시작했다. 조선 왕조의 법궁인 경복궁을 비롯하여 종묘·사직 등 여러 건물과 함께 도읍을 둘러쌀 성곽을 만들었다. 성곽에는 성곽 안쪽으로 들어가기 위한 4대문과 4소문이 만들어졌다.

조선은 유교의 나라라고 불려진 만큼 건물 이름을 지을 때에도 유교의 경전에서 이름을 따왔다. 예컨대 유교에서 사람이 마땅히 지켜야할 도리로서 강조하는 것이 '인(仁), 의(義), 예(禮), 지(智), 신(信)'이라는 것이었는데, 이들 글자를 넣어서 한양 도성의 대문 이름을 지었다. 동대문은 '인'을 일으킨다는 뜻에서 '흥인지문'이라고 했고, 서대문은 '의'를 두텁게 한다는 뜻에서 '돈의문', 남대문은 예를 높이 산다고 해서 '숭례문'이라고 했다.

남대문(서울 중구)

숭례문이라고도 하는 남대문은 한양 도성의 남쪽 대문으로, 1396년에 만들어졌다. 조선에서 가장 큰 문으로, 임진왜란과 6 · 25 전쟁 중에도 불에 타지 않고 남아있었다. 국보 제1호로서 지정되어 최근까지도 보존되었지만, 2008년에 화재로 인해 불에 타고 말았다. 2013년에 복원공사가 끝나서 현재는 다시 그 모습을 되찾았다.

한양 도성의 문의 이름뿐만 아니라 궁궐의 이름도 유교 경전에서 따왔다. 경복궁의 '경복(景福)'이란 이름은 『시경』에서 따온 말이었는데, '만년토록 큰 복을 누리라'는 뜻이다. 궁궐의 이름을 직접 지은 개국 공신 정도전은 유교 국가인 조선이 영원히 빛나기를 바라는 마음에서 이 이름을 지었다고 한다.

한편, 태종(이방원, 정안대군)은 이복동생인 세자(방석)와 개국 공신 정도전을 제거하는 제1차 왕자의 난(1398년)을 일으켜 권력을 장악했다. 그는 또 다시 제2차 왕자의 난(1400년)에서

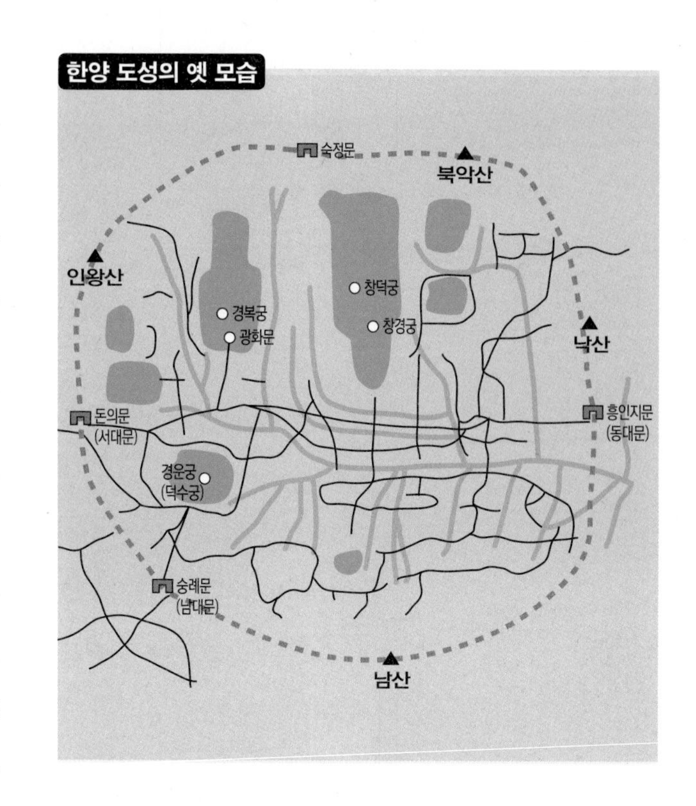

동대문(서울 종로)
동대문의 본래 이름은 흥인지문으로, 1396년에 남대문과 함께 만들어졌다. 지금의 모습은 1869년(고종 6)에 다시 지은 모습이라고 한다. 우리나라의 보물 제1호이다.

승리하여 마침내 왕위에 올랐다.

태종은 개국 공신들의 사병을 없애고 호패법을 시행하는 등 왕권을 강화해 나갔다. 그리고 신문고 제도를 실시했는데, 이는 억울한 사람이 북을 쳐서 자신의 억울함을 알릴 수 있도록 한 제도였다. 물론 이러한 제도가 조선 시대에 계속해서 행해지지는 않았다.

2) 세종, 유교 정치 이념을 실현하다

조선의 임금 중에 가장 많은 업적을 남긴 왕은 세종대왕일 것이다. 세종은 태종의 셋째 아들로 태어났으며 왕자 시절에는 충녕대군으로 불렸다. 그는 어려서부터 총명했고 누구보다 학문을 좋아했으며, 비상한 기억력을 지니고 있었다고 한다.

세종은 세자인 양녕대군, 효령대군 등 형이 2명이나 있어 본래 왕이 될 수 없었다. 그러나 태종은 양녕대군이 비행을 일삼자 폐위하고 충녕대군을 세자로 삼아 왕위를 물려주었다.

세종대왕상(서울시 종로구 광화문 광장)

세종대왕 신도비(서울 동대문)
세종과 소헌왕후가 합장된 영릉(英陵)에 세워졌던 신도비로 1452년(문종 2) 건립됐다. 영릉은 원래 현 강남구 내곡동에 있었으나 1469년 경기도 여주 능서면으로 옮겨졌다. 이 비석은 능을 옮긴 이후 땅에 묻혀있다가 다시 발견된 것으로 총 4,886자에 달하는 큰 비석이다.

세종이 임금이 됐을 때 주변에 왕권을 위협할 만한 신하가 없었다. 왜냐하면 아버지 태종이 조선을 세우는 데 공이 컸던 개국 공신들을 제거하였기 때문이다. 이에 세종은 안정된 왕권을 바탕으로 유교 정치를 실현하고자 하였다.

세종은 관리들과 나랏일을 토론하는 경연 제도를 실시하고, 왕립 학술 기관으로 집현전을 두어 젊은 학자들의 학문 연구를 장려하였다. 또 왕권과 신권의 조화를 통한 유교 정치의 이상을 실현하고자 하였다. 즉 태종 때 신하의 권한이 커지는 것을 막기 위해 의정부를 거치지 않고 바로 6조에 직접 지시하고 보고 받던 '6조 직계제' 대신 '의정부 서사제'를 실시했다. '의정부 서사제'는 예전과는 다르게 6조에서 우선 의정부의 3정승(영의정·좌의정·우의정)에게 보고하도록 하여 의정부에서 중요 사항을 논의한 다음 마지막으로 임금이 결재하는 제도를 말한다. 그래서 세종 때에는 황희와 맹사성과 같은 역사에 남을 유명한 정승들이 활약

더 알아보기

집현전(현 경복궁 수정전)

집현전은 학자를 키워내고 학문을 연구하던 기관이었다. 세종은 실력 있는 신하들을 집현전에 모아서 함께 유교를 연구하고, 나라의 각종 법과 제도들을 정비했다. 또 집현전 신하들은 경연과 서연을 담당하여 임금과 세자와 함께 공부하였고, 각종 책을 펴내었다. 한마디로 집현전은 세종이 자신의 뜻을 잘 펼쳐갈 수 있도록 곁에서 직접 돕는 역할을 한 기관이었다. 원래 있던 집현전 건물은 임진왜란 때 불에 타고 말았다. 이후 고종 때 경복궁을 다시 지으면서 집현전이 있던 자리에 수정전이란 건물이 세워진것이다.

할 수 있었다.

세종은 이렇게 백성을 사랑하고 아낀 임금으로 주로 알려져 있지만, 외교와 국방에서도 큰 업적을 남겼다. 조선의 영토를 위협하던 외적들에 대해서는 먼저 정벌하여 국경을 안정시키기도 했다. 고려 말부터 조선의 해안선을 위협하던 남쪽의 왜구들을 소탕하기 위해 쓰시마섬을 정벌했고, 이어서 북쪽 국경을 위협하던 여진족 또한 물리치고 4군(압록강 유역)과 6진(두만강 유역)을 설치했다.

이러한 세종의 정치는 백성을 사랑하고 백성을 위한 정치를 펼치는 왕도정치의 모범이라고 할 수 있다.

3) 성종, 유교 국가의 통치 체제를 확립하다

세종은 뛰어난 능력으로 나라를 잘 다스려 국가의 기틀을 마련했다. 그러나 세종의 뒤를 이어 임금이 된 문종은 세자 시절부터 몸이 약했었다. 37세의 나이에 왕위를 이어 받은 문종은 2년 만에 병으로 일찍 죽고 말았다.

문종의 뒤를 이어서 어린 아들 단종이 12살에 임금이 됐다. 임금이 어

더 알아보기

황보인과 김종서

김종서 묘(세종)

황보인(1387년~1453년)은 문종과 단종 때 영의정으로 문종의 유지를 직접 들은 고명대신이었다. 그러나 계유정난 때 김종서와 함께 죽임을 당하여 역적이 됐다가 영조 때 명예를 회복하고, 정조 때 충신으로 인정받았다.

김종서(1383년~1453년) 역시 단종 때 좌의정으로 황보인과 더불어 단종을 모신 신하였다. 원래 김종서는 세종 때 두만강의 여진족을 몰아내고 6진을 설치하는데 공을 세웠다. 그는 큰 호랑이 즉 '대호'라는 이름이 붙을 정도로 지혜와 용맹을 두루 갖춘 신하였으나 계유정난 때 가장 먼저 희생자가 됐다.

린 나이에 왕위에 오르면 수렴청정이라 하여 임금의 어머니나 할머니가 대신 나랏일을 맡아보았다. 그런데 단종은 수렴청정을 할 어머니와 할머니가 없었다. 나이 어린 아들의 장래를 걱정한 문종은 죽기 전에 어린 아들 단종을 황보인과 김종서 같은 원로 대신들에게 부탁할 수밖에 없었던 것이다.

황보인과 김종서는 어린 임금 대신에 나라를 다스리게 되면서 세력이 예전에 비해 커지게 됐다. 신하들의 힘이 커지자 이를 못마땅하게 여기는 사람이 있었는데 바로 세종의 아들이자, 문종의 동생이기도 한 수양대군이 대표적이었다. 그는 마침내 군사를 일으켜 황보인과 김종서 등을 죽이고 권력을 차지했는데 이를 계유정난(1453년)이라 한다.

성삼문 유허지(충남 홍성)
사육신의 한사람인 성삼문이 1418년(태종18)에 태어났던 집터이다. 성삼문의 외가집이었다.

사육신 묘의 사당, 의절사(서울 동작)
수양대군은 1455년 자신의 조카인 단종으로부터 왕위를 빼앗아 임금이 됐다. 사실 이러한 일은 유교에서 가장 중요하게 생각하는 의리에 벗어나는 일이었다. 성삼문 · 박팽년 · 하위지 · 이개 · 유성원 · 유응부 · 김문기 등의 신하들은 옳지 못한 일을 바로잡기 위해 명나라 사신을 환송하는 연회에서 세조를 죽이고, 단종을 임금으로 다시 모시고자 계획했다. 하지만 계획이 새나가면서 세조를 죽이는 데 실패했고, 결국 함께 일을 계획했던 사람 중에 배신자가 나와 이들은 모두 잡히고 말았다. 모진 고문과 잔인한 형벌로 모두 죽게 되었지만, 후세에 사육신은 임금에 대한 충성과 의리를 지킨 신하들로서 남게 됐다.

계유정난을 통해 권력을 차지한 수양대군은 곧이어 단종의 왕위를 빼앗았다. 그는 왕위에 오르자마자 추락한 왕권을 강화하기 위해 노력했다. 그 과정에서 성삼문·박팽년과 같은 집현전 출신 학자들이 세조를 왕위에서 내쫓고, 단종을 다시 임금에 오르게 하려는 계획을 세우다 밀고로 죽임을 당했다.

세조는 이 사건을 빌미로 집현전을 없애고, 신하들과 함께 공부하고 나랏일을 토론하던 경연을 없애 버렸다. 세조는 강력한 왕권을 바탕으로 여러 업적을 남겼다. 태종 때 실시한 호패를 다시 백성들이 차도록 했고, 전·현직 관리 모두에게 땅을 나누어주던 과전법을 고쳐서 현직에

더 알아보기

『경국대전(經國大典)』 서문

『경국대전』

『경국대전』은 조선 건국 후 시행되었던 당시의 법률을 모두 아우르는 법전이었다. 법전의 구성에 있어서는 조선 정부의 체제였던 6조 체제를 따라 이전 · 호전 · 예전 · 병전 · 형전 · 공전의 6전으로 이루어졌다. 세조 때부터 그 편찬이 시작되어 성종 때 이르러 완성된 후 『경국대전』은 조선의 최고 법전으로 자리매김 하였다. 그러나 시간이 지나면서 점차 새로운 법률들이 만들어지면서 후에 가서는 영조 때 『속대전』, 정조 때 『대전통편』, 고종 때 『대전회통』 등으로 새로이 쓰이게 되면서 그 명맥이 이어져갔다.

옛날부터 임금들이 천하와 국가를 다스림에 있어 새로 나라를 세운(創業) 임금은 초기에는 나라를 다스리기에 바빠서 전부터 내려오는 책이나 규칙 등을 살필 틈이 없고, 나라를 이어받은(守成) 임금은 선대왕의 옛 법을 그대로 지켰을 뿐, 다시 법을 만들려 하지 않았다. …… 삼가 생각하건대, 세조께서는 천명을 받아 임금이 되어 국가를 중흥하였으니, 그 공적이 창업과 수성을 모두 이룬 것과 같았다. 문(文)과 무(武)를 빛내어 정비하시고, 예(禮)와 악(樂)을 갖추어 융성해졌는데도 오히려 게을리 하지 않으시고 제도를 널리 펼치셨다. 일찍이 신하들에게 말씀하시기를, "…… 이제 남고 모자람을 짐작하고 서로 통하도록 갈고 다듬어 자손만대의 기본 법전을 만들고자 한다."라고 하셨다. …… 책이 완성되어 여섯 권으로 만들어 바치니, 『경국대전』이라는 이름을 내리셨다. 「형전」과 「호전」은 이미 반포되어 시행하고 있었으나 나머지 네 법전은 미처 교정을 마치지 못했는데, 갑자기 승하하시니 임금께서 선대왕의 뜻을 받들어 마침내 하던 일을 끝마치게 하시어 나라 안에 반포하셨다.

…… 성화(成化, 명나라 헌종의 연호) 5년(기축, 1469) 9월 하순에 정헌대부 호조판서 겸 예문관 대제학 동지경연사 신 서거정은 머리를 숙여 절하고 삼가 서문을 쓴다.

『경국대전』, 「서」

있는 관리에게만 주는 직전법을 시행하였다.

또 세조는 조선의 법전인 『경국대전』을 만드는 일을 시작했다. 원래 조선은 명나라의 법전인 「대명률」을 적용하였지만, 「대명률」에는 조선의 실정에 맞지 않는 조항이 있었으므로 새로운 법전이 필요하였다. 『경국대전』은 세조가 살아있을 때는 완성되지 못하고, 그의 손자인 성종 때에 완성되었다(1485년).

압구정(왜관수도원)
정선이 그렸다. 한강 주위의 높은 언덕 위에 지어졌던 압구정은 한명회에 의해 처음 지어졌다. 이곳에 오르면 한양의 주요 산들을 둘러볼 수 있었다. 오늘날 서울 강남구 압구정동이란 이름이 이곳에서 유래한 것이다.

성종은 『경국대전』을 완성했을뿐만 아니라 많은 업적을 남겼는데, 그러한 사실은 성종이란 묘호에서 짐작할 수 있다. 보통 임금의 묘호, 즉 무슨 종(宗), 무슨 조(祖)라고 불리는 이름은 임금이 죽고 난 후에 붙이는데, 성종에서 '성'자는 '이룰 성(成)'자를 뜻한다.

성종은 13살의 어린 나이에 임금이 됐는데, 그를 대신해 할머니인 대왕대비 정희왕후 윤씨가 나라를 다스리는 수렴청정을 했다. 성종은 20살이 되서야 나라를 직접 다스리기 시작했는데, 처음에는 권한을 가진 신하들이 주위에 많아 제대로 왕권을 행사하지 못했다. 왜냐하면 성종이 임금이 됐을 때 할아버지 세조가 임금이 되는 데 큰 공을 세웠던 신하들이 권력을 차지하고 있었기 때문이다. 그들 중에 특히

정희왕후 윤씨(1418년~1483년)
세조의 왕비로 성격이 강하여 계유정난 당시 세조를 도왔다고 한다. 그의 아들 예종이 죽자 손자인 성종을 왕위에 세워 수렴청정을 했다.

더 알아보기

한명회는 어떤 인물인가?

훈구 세력의 대표 한명회는 수양대군이 일으킨 계유정난의 설계자라고 말할 수 있다. 원래 그는 오랫동안 과거에 합격하지 못하는 등 평범한 생활을 했었다. 그런데 친구인 권람의 도움으로 수양대군의 측근이 되면서 인생이 달라졌고, 이후 사육신의 단종 복위 운동을 막는데 공을 세웠다.

한명회 묘(충남 천안)

세조 때 정승이 됐고, 예종과 성종 때에는 공신이 됐으며, 성종의 장인으로 커다란 권력을 행사했다. 이런 한명회를 보면 당시 훈구 세력의 위세를 느낄 수 있지 않을까?

성종의 장인으로 계유정난을 주도한 한명회의 권력이 막강했다. 조선 건국 이후 관리로서 성장해온 한명회를 비롯한 여러 신하를 훈구 세력이라고 했는데, 이들은 많은 토지와 노비를 가지고 있었고 권력 또한 막강해 고위 관직을 독차지하고 있었다.

성종은 세조 때 폐지된 경연을 부활시켰으며 세조 때 없어진 집현전을 대신해 홍문관의 기능을 강화했다. 성종은 홍문관에 젊은 관리들을 모아 학술 연구와 경연을 담당하게 하였다. 그리하여 집현전 학자들이 세종의 뜻을 펴는 데 도움을 준 것처럼 이들이 성종 자신을 돕도록 키워갔다.

성종은 여러 신하에게 적극적으로 서적을 펴내도록 했는데, 조선 각 지역의 지리와 풍습을 기록한 『동국여지승람』과 단군 조선부터 고려 말까지의 역사를 담은 『동국통감』, 우리나라 역사상의 이름난 사람들의 글들을 모아 쓴 『동문선』, 궁중 음악 등을 정리한 책인 『악학궤범』 등이 이때 만들어진 책들이었다.

이렇게 많은 업적을 이룬 성종이었지만, 가정은 순탄치 않았다. 원래 성종은 한명회의 딸을 왕비로 맞아들였는데, 그가 공혜왕후이다. 그러

더 알아보기

관리들에게 주는 토지 제도를 고친 세조

조선이 처음 건국됐을 때는 과전법에 따라 경기도의 땅을 현재 관직에 있는 신하들과 함께 이미 물러난 신하들에게까지 나누어주어 그 땅에서 나오는 세금을 월급 대신 받아가도록 했었다. 관직에서 물러난 신하들에게도 요즘의 연금처럼 땅을 나누어주어 먹고 사는 데 어려움이 없도록 만들어준 거였다.

본래 관직에서 물러난 관리가 사망하면 어린 자녀가 있는 등의 몇몇 경우를 빼고는 그 땅을 다시 나라에 반납하여야 했지만, 이를 대대로 물려가는 일이 점차 늘어났다. 결국 세조 때 와서는 경기도의 땅 중에 현직에 있는 관리들에게 줄 땅조차 남지 않게 됐다. 세조는 이러한 문제를 해결하고자 현직에 있는 관리들만 땅을 받도록 했는데 이를 직전법이라 한다.

옥당 현판(고궁박물관)
옥당은 홍문관의 별칭으로 불렸다. 홍문관은 궁중의 책들이나 역사적 자료들을 관리했는데, 성종 때 그 기능이 강화됐다. 이후 홍문관은 임금의 자문에 응하며, 각종 서류를 처리하는 기능을 하게 됐고, 홍문관의 관리들은 경연관을 겸했다. 사헌부, 사간원과 함께 3사라 불리우며 임금을 보좌하는 핵심 기구로서 그 역할을 했다.

나 공혜왕후는 19세의 어린 나이에 자식도 없이 병으로 죽고 말았다. 그 후 성종은 후궁이었던 숙의 윤씨를 왕비로 맞아들였는데, 그가 바로 연산군의 어머니이자 비극의 주인공인 폐비 윤씨이다.

폐비 윤씨는 질투심이 많아 성종과 다투는 경우가 종종 있었다. 결국 임금이 여러 후궁을 두는 것을 질투한다는 이유로 왕실 어른들의 눈 밖에 나게 되어, 왕비에서 쫓겨났고 끝내 사약을 받고 죽게 되었다.

당시 연산군은 어렸기에 어머니의 죽음에 대해 모른 채 자라나 임금이 됐다. 하지만 나중에 주위 신하들을 통해 어머니의 비극에 대해 알게 됐고, 이는 갑자사화의 빌미로 작용하였다.

연산군은 자신이 하고 싶은 대로 나라를 운영하며 백성들에게 큰 피해를 입혔다. 본래 정부에는 삼사(사헌부·사간원·홍문관)라는 기관이 있어 임금이 올바른 정치를 하도록 이끄는 역할을 했었다. 하지만 연산군은 자신이 하는 일에 신하들이 반대하는 뜻을 내비치면, 이를 임금을 모독하는 일로 여겨 탄압했다.

연산군의 폭정으로 많은 신하가 목숨을 잃었다. 강력한 왕권을 바탕으로 연산군은 나라 각지에서 미인들을 올려 보내 자신의 궁녀로 삼았고, 또 사냥을 즐기기 위해 한양 도성 주변에 살던 백성들의 집을 헐고 자신의 사냥터로 삼았다.

연산군의 폭정이 계속되자 그를 왕위에서 내쫓고자하는 움직임이 일어났다. 1506년 성희안, 박원종 등이 군사를 일으켜 연산군을 내쫓고,

연산군 묘(서울 도봉)
1506년 중종반정으로 왕위에서 쫓겨난 연산군은 강화도에 갇혀 살다 얼마 후 병으로 숨을 거두었다. 이후 강화에서 현재의 위치로 그 묘가 옮겨졌다.

이복 동생인 진성대군을 새 임금에 추대했는데, 이를 중종 반정이라 한다. 여기서 반정이란 바른 것으로 돌아 간다는 뜻이다.

이로써 연산군은 왕위를 잃었고, 강화도 교동으로 유배를 가 그곳에서 쓸쓸히 죽음을 맞이했다.

4) 사림들이 중앙 정계에 진출하여 훈구 세력과 대립하다

고려 말 중국에서 들어온 유학인 성리학을 공부한 사람들이 세운 나라가 조선이다. 그런데 고려 말에 성리학을 공부하던 학자들 중에 일부는 고려 왕조에 대한 의리를 지키기 위해 새 왕조를 세우는 데 참여하지 않고 고향으로 내려가서 살았다. 무엇보다도 의리와 절개를 중시한 이들은 그곳에서 많은 제자들을 길러냈다. 이들을 일컬어 '사림(士林)'이라고 불렀다.

사림들이 지방에서 유학 공부에 힘쓰며 제자들을 길러내고 있을 때 중앙에서 고위 관직을 차지하며 권세를 누리던 사람들도 있었다. 특히

연산군 금표비(경기 고양)
연산군 자신이 유흥을 즐기던 땅에 일반 사람들이 출입하지 말라는 뜻에서 세운 비석이다.

연산군 적거지(인천 강화)
연산군이 중종반정으로 왕위를 빼앗긴 뒤 유배간 곳이다. 그는 1506년에 유배가서 그 해 11월에 강화도 교동에서 죽었다.

수양대군(세조)이 어린 조카인 단종을 몰아내고 왕위에 오르는 데 공이 컸던 한명회·신숙주·정인지 등이 대표적인 인물이었다. 이들은 공을 세운 대가로 권력과 부를 누렸고, 자식들에게도 물려주었다. 이들처럼 부와 권력을 대대로 이어가던 정치 세력을 '훈구(勳舊)'라고 했다.

성종이 즉위할 무렵 훈구 세력의 힘은 막강했다. 이에 성종은 훈구 세력을 견제하고 왕권 강화를 뒷받침해 줄 세력이 필요했다. 그래서 성종은 지방에 머물던 사림 세력의 대표적 인물인 김종직 등을 등용하여 훈구 세력을 견제하고자 하였다. 이들은 주로 사헌부, 사간원, 홍문관 등 3사의 감찰과 언론 기관에서 활약하며 훈구 대신들의 부정과 비리를 비판했다.

사림 세력과 훈구 세력 간의 대립은 갈수록 심해져 갔다. 이 과정에서 사림 세력이 죽거나 귀양 가는 사건이 일어났다. 이 사건을 '사림들이 화를 당했다'라는 뜻에서 '사화'라고 한다. 사화에는 사림 세력이 큰 피해를 입은 4대 사화(무오사화·갑자사화·기묘사화·을사사화)가 있다.

첫 번째 사화는 연산군 4년(1498) 무오년에 일어났다 하여 무오사화라고 한다. 무오사화는 사림의 대표라 할 수 있는 김종직이 쓴 '조의제문'이라는 글이 빌미가 되어 일어났다. 곧 김종직의 제자였던 김일손이 『성종실록』을 편찬하기 위해 제출한 사초가 원인이 되었다. 사초란 실록을 쓰기 위한 기초 자료이다. 훈구파였던 유자광과 이극돈이 연산군에게 김종직이 조의제문을 지어 세조가 조카인 단종의 왕위를 빼앗은 것을 비난했다고 일러바쳤다. 즉 김종직이 항우가 보낸 자객에게 살해된 의제(회왕)의 죽음을 기리는 '조의제문'을 세조가 조카인 단종의 왕위를 빼앗고 살해하는 것으로 풍자했다고 한 것이다. 연산군은 자신의 증조 할아버지인 세조를 욕보였다며 김종직을 따르는 사림 세력에게 죄를 물었다. 이미 죽은 김종직을 부관

신숙주 초상(1417년~1475년)
신숙주는 집현전 관리를 역임하는 등 세종의 신임을 받은 학자 겸 정치가였다. 세조를 도와 우의정 · 좌의정 · 영의정을 지내는 등 조선 초기 핵심 정치가로 외교와 국방에 많은 활동을 했다.

부관참시
이미 죽은 자에 대해 죄가 드러나면 그 시신을 꺼내 극형에 처하는 형벌이다.

참시하고 그를 따르는 많은 사림이 죽거나 유배를 가는 등 화를 당했다.

그 다음에 일어난 사건은 갑자년(1504년)에 일어난 갑자사화였다. 이 역시 연산군 때 일어난 일이었다. 연산군은 성종의 맏아들로 왕위를 이었지만, 어린 시절 어머니인 폐비 윤씨가 질투가 많다는 이유로 아버지 성종으로부터 사약을 받아 죽게 되는 비극을 겪었다. 어머니의 죽음에 원한을 가지고 있던 연산군을 몇몇 신하가 자극하면서 어머니의 죽음과 관련된 신하들 뿐만 아니라 어머니가 사약을 받는 것에 반대하지 않은 신하들에게까지 화가 미쳤다. 이로 인해 이번에는 사림 세력뿐만 아니라 훈구 세력까지 큰 피해를 입게 됐다.

김종직 동상(경남 밀양)

중종반정으로 새로운 임금이 즉위하자 중앙 정치에서 쫓겨났던 사림 세력들이 다시 중앙 정치 무대에 돌아오게 됐다. 당시 등장한 새

추원재(경남 밀양)
추원재는 김종직이 태어난 집이다. 김종직은 성리학자인 김숙자의 아들로 김숙자는 고려의 충신 정몽주와 길재의 학문을 따르며 공부한 사람이었다. 김숙자는 길재의 학문을 아들 김종직에게 이어주었으며, 김종직은 사림의 거두가 되어 많은 제자를 길러냈다. 김숙자 · 김종직 부자 집터인 추원재의 집이름인 당호가 '전심당'인데, 여기에서 마음을 전하다는 전심이란 조선 시대 성리학의 전수라는 뜻으로, 김종직을 가리킨다고 한다.

로운 사림 세력의 대표는 조광조였다.

중종은 훈구 세력의 반정으로 왕이 되었기에 처음에는 이들의 눈치를 봐야만 했다. 그러나 시간이 흐르자 이들 훈구 세력을 견제하고 자신을 후원하는 세력을 찾게 되었다. 이 때 조광조 등의 사림의 젊은 학자들이 대거 등용되어 중앙 정계에서 활약하기 시작했다.

조광조는 중종의 두터운 신임을 바탕으로 급진적인 개혁을 추진했다. 그의 정책 가운데 대표적인 것은 현량과 실시, 소격서 폐지, 소학과 향약의 보급 등이었다. 그런데 당시 훈구 세력의 가장 큰 반발을 산 정책은 중종 반정에서 지나치게 많은 공신이 상을 받았다고 하여 이를 삭제해야 한다는 위훈삭제였다. 그리하여 훈구 세력은 조광조 등의 사림 세력을 제거하기 위해 조광조가 왕이 된다는 '주초위왕(走肖爲王)'이라는 명

더 알아보기

사화, 왜 일어났는가

무오사화 - 조의제문(弔義帝文)

정축년 10월에 김종직이 밀성(밀양)에서 경산으로 가는 길에 답계역에서 잠을 잤다. 꿈에 신인이 나타나 자신이 초나라 회왕의 손자 심(의제)인데 서초 패왕(항우)에게 살해당하여 강에 던져졌다 말했다. "역사를 돌이켜보건대 강에 던져졌다는 말은 없었는데 그럼 항우가 사람을 시켜 몰래 심을 죽이고 강에 던진 것인가?" 하고 그는 의심을 품게 됐다. 이에 김종직은 심의 죽음을 기리는 글을 적었는데 이것이 조의제문이었다.
여기서 항우는 세조(수양대군)이고, 심은 단종을 빗대어 표현한 것으로 세조의 왕위찬탈을 비난한 글이었다.

기묘사화 - '주초위왕(走肖爲王)'

조광조는 중종반정 때 부당하게 공신이 된 사람이 많게 되자, 그 공신 가운데 일부 공신의 자격을 박탈해야 한다고 주장했다(위훈삭제). 그리하여 117명의 공신 중 76명이 자격을 박탈당했다. 조광조는 이 일로 훈구 세력의 미움을 받게됐다. 그러던 중 훈구 세력이 나뭇잎에 '주초위왕(走肖爲王)' 글자를 쓴 뒤, 이것을 벌레가 갉아 먹게 하고, 그 잎을 궁궐뜰에 흘려 중종에게 보여주게 했다. 주(走)와 초(肖) 두 글자를 합치면 조(趙)가 되기 때문에, '주초위왕'은 곧 '조씨가 왕이 된다.'는 뜻으로 해석되면서 조광조가 반역을 일으킬 것을 미리 알려준 것이란 소문이 돌았다. 결국 기묘사화는 이렇게 시작됐다.

연산군일기
조선 제10대 왕이었으나 왕위에서 쫓겨난 연산군의 재위 기간의 역사를 기록한 책이다. 다른 임금들 재위 기간의 역사를 정리한 책은 '실록'이라 불리나, 연산군과 광해군은 임금에서 쫓겨나 두 임금 때 역사를 기록한 책을 일기로 낮춰 불렀다.

분으로 조광조 등 사림 세력을 몰아냈는데, 이를 '기묘사화(1519년)'라 한다.

중종의 뒤를 이어 중종의 맏 아들인 인종이 임금이 되었다. 인종은 시름시름 앓다가 뒤를 이을 왕자를 남기지 못한 채 왕위에 오른 지 8개월 만에 죽고 말았다. 이에 인종의 배다른 동생이자 문정왕후의 아들인 명종이 12세의 어린 나이로 임금이 됐다.

인종 때에는 외척인 윤임의 대윤(大尹)이 권력을 가지고 있었으나 왕대비인 문정왕후가 수렴청정을 하면서 상황이 바뀌게 되었다. 새로이 명종의 외척인 윤원형이 중심이 된 소윤(小尹)이 집권하면서 윤임 일파를 제거한 것이다. 이 때 사림들도 함께 피해를 보았는데, 이를 '을사사화(1545년)'라고 부른다.

여러 차례의 사화를 겪는 중에 위기를 겪었던 사림은 끝까지 지방에서 줄기차게 힘을 길러 명종의 다음 임금인 선조 때 가서는 중앙 정치에 다시 진출하게 됐다. 그리하여 훈구 세력들이 몰락하고 사림이 중앙 정치의 새로운 주인공으로 성장하였다. 사림이 중요한 관직을 거의 차지하게 되면서 스승이 누구이고, 성리학을 누구에게 배웠는지에 따라 점차 그 무리가 나누어지게 됐다.

동인과 서인, 이후 다시 나뉘어진 북인과 남인, 노론과 소론은 사림 세력들이 서로 갈리면서 생기게 된 것이다. 이러한 무리들을 붕당(朋黨)이라고 한다.

더 알아보기

붕당의 형성

붕당의 원인이 된 이조 전랑이란 관직은 높은 벼슬은 아니지만 관리의 인사에 관여하는 직책이라 많은 사람이 되길 원했다. 선조 때 김효원과 심의겸은 이조 전랑의 추천 문제를 가지고 다투었는데 이후 김효원을 지지하는 세력이 동인, 심의겸을 지지하는 세력이 서인으로 불렸다. 동인은 다시 이황의 학문에 영향을 받은 남인과 조식의 학문에 영향을 받은 북인으로 나뉘어지게 됐다. 후에 서인은 이이의 학문을 따르는 사람들이 몰려들었는데, 서인 역시 다시 노론과 소론으로 나뉘어져 서로 경쟁하였다.

소쇄원(전남 담양)

조광조의 제자인 양산보(1503년~1557년)가 기묘사화로 스승인 조광조가 유배당한 후 사약을 받고 죽자 벼슬길의 무상함을 깨닫고 고향에 은둔하게 됐다. 그는 고향에서 소쇄원을 짓고 자연에 귀의하여 은거 생활을 했다.

조광조 유허비(전남 화순)

조광조 유허비는 조광조가 유배간 것을 기리는 비석이다. 조광조는 사림 세력의 대표라 기록될 만큼 사림 세력들에게 존경받던 인물이었다. 그는 중종반정 후 조정에 들어와 정치를 하기 시작하면서 연산군 때 있었던 그릇된 정치를 극복하고자 여러 개혁 정치를 펼쳤다.

그러나 조광조는 급하게 개혁을 추진하면서 자신의 반대편에 섰던 남곤과 같은 훈구 세력들을 적으로 몰아 세웠다. 결국 그는 훈구 세력들을 조정에서 쫓아내야 한다고 생각했다. 그리하여 위훈삭제를 추진하여 훈구 세력들의 세력을 꺾어 놓고자 했다. 그러나 이러한 조광조의 시도로 자극 받은 훈구 세력들이 그 힘을 하나로 모아 조광조를 모함했고, 중종은 결국 훈구 세력들의 손을 들어주어 조광조를 유배 보냄에 이어 사약을 내려 죽게 만들었다.

02

양반 중심으로 신분제가 개편되고 경제가 변화하다

하회마을(경북 안동)

안동 하회마을은 낙동강이 'S'자 모양으로 마을을 돌아 흐른다는 뜻에서 '하회'라는 이름이 붙었다고 한다. 풍산 류씨가 600여 년에 걸쳐 대대로 살아온 집성촌으로, 임진왜란 때 재상으로 활약한 서애 류성룡의 숨결이 깃든 마을이기도 하다. 하회마을에는 서민들의 놀이였던 '하회별신굿탈놀이'와 선비들이 풍류를 즐길 때 했던 '선유줄불놀이'가 현재까지도 전해 내려오고 있다. 이렇게 하회마을은 예전 건축 양식과 우리의 전통문화를 잘 간직하고 있어 유네스코 세계 문화유산으로 지정되었다.

양동마을(경북 경주)

경주 양동마을은 월성 손씨와 여강 이씨 가문에 의해 만들어진 마을이다. 양동마을에는 많은 문화재가 보존되어 있는데 이 중 조선 초에 중국의 역사책을 활자로 인쇄한 '통감속편'이 국보로 지정되었다. 이것 말고도 보물이 4점, 중요 민속자료가 12점, 경상북도 지정문화재가 7점이 있을 만큼 양동마을은 마을 자체가 중요한 문화재라고 할 수 있다. 한국의 대표적인 민속 마을로서 1992년에는 영국의 찰스 황태자가 이곳을 방문하였고, 이후 2010년에는 안동 하회마을과 함께 유네스코 세계 문화유산으로 등재되었다.

1. 양반 중심의 신분 제도가 성립하다

전통 사회가 오늘날 사회와 크게 다른 점은 바로 신분 제도가 있었다는 것이다. 신분은 태어나면서부터 사람이 갖게 되는 사회적 지위를 말한다. 조선 또한 신분제 사회로 유교, 즉 성리학에서는 인간이 타고나는 성품과 능력에 차이가 있기 때문에 신분도 차별적일 수밖에 없으며 신분에 따라 개인의 사회적 역할이 정해져있다고 주장했다.

조선은 법적으로 나뉜 신분과 사회에서 일반적으로 인정하는 신분이 있었다고 한다. 법적으로는 크게 양인과 천민으로 나뉘어져 있었는데 이를 양천제라고 했다. 자유인인 양인은 과거 시험을 볼 수 있는 자격이 있는 반면에 나라에 세금을 내고 군대에 갔다. 그리고 나라의 큰 공사에 참여할 의무를 지고 있었다. 천민의 대다수는 노비인데, 이들은 개인이나 관청에 소속되어 힘든 일을 해야 했다. 개인에 소속되어 있으면 사노비, 관청에 소속되어 있으면 관노비라 했다.

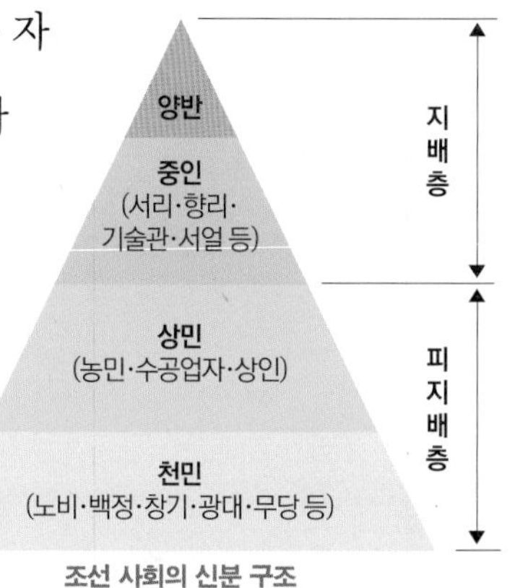

조선 사회의 신분 구조

조선 사회에서는 양인 신분이라고 해서 모두 대접을 받

노상알현도(김득신, 평양 조선미술박물관)
조선 후기 김득신의 그림에서 보듯 상민과 천민은 길에서 양반을 보면 허리를 굽혀 인사를 하여야 했다. 이는 조선이 신분 차이가 분명한 나라였다는 것을 엿볼 수 있게 한다.

았던 것은 아니다. 양인은 다시 직업과 가문, 사는 곳 등에 따라서 양반, 중인, 상민으로 나뉘어졌다.

양반은 본래 관리들 중에 행정적인 일을 하는 문반(동반)과 군대의 장교들인 무반(서반)을 뜻하는 관직에서 유래했다. 그런데 시간이 흐르면서 양반이란 말이 조선의 지배층을 뜻하는 신분 개념으로 바뀌었다.

음서
고려 시대에 이어 조선 시대 때도 높은 관리의 자손에게는 과거를 거치지 않고도 벼슬에 오를 수 있도록 해주었다. 이러한 제도를 음서라고 한다. 조선 시대에는 음서에 제한이 많아져, 고려의 5품 이상과 달리 3품 이상의 관리의 자손에게만 그 혜택을 주었다. 또한 고려 때는 음서를 통해 높은 관직에도 올랐으나, 조선에 와서는 대부분의 경우 지방관이나 무관 정도의 자리에 오르는 경우가 많았다. 결국 높은 관직에 오르려면 과거에 급제해야 했다.

양반들은 과거, 음서, 천거(추천에 의해 관리가 되는 것) 등을 통해 관직을 독차지했다. 경제적으로는 땅을 소유하고 있어 생활이 윤택한 편이었다. 이들은 유학을 열심히 공부하여 관리가 될 준비를 한다는 의미에서 학생이 되면 군대에 가지 않아도 되는 것과 같은 여러 가지 신분적인 특권을 누리고 있었다.

신분상에서 양반 아래에 위치한 중인은 고려 때의 중류층과 비슷하였다. 이들은 조선 시대에 들어와서 사회의 한 신분으로서 확실히 자리매김했다. 중인은 여러 관아에 소속되어 일하는 사람들로 맡은 일들 중에는 오늘날의 인기 직업들이 많이 있었다.

예컨대 역관은 중국어·일본어·몽골어 등을 통·번역했던 통역사들이고, 의관은 의사들이었다. 또한 율관은 법률을 집행하는 일과 관련된 일을 했다. 중인에는 넓

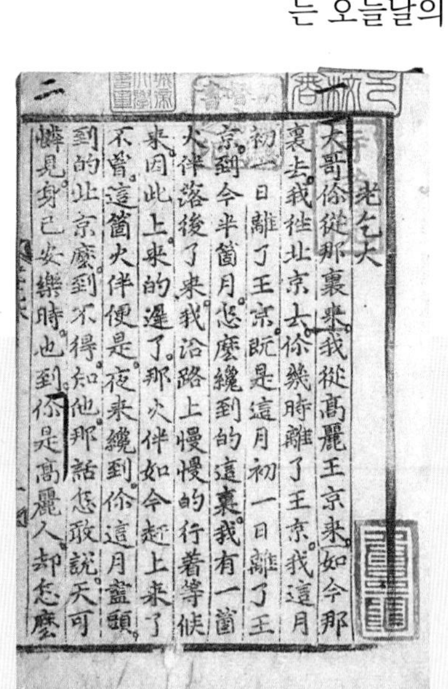
老乞大
大哥你從那裏來我從高麗王京來如今那
裏去我往北京去你幾時離了王京我這月
初一日離了王京既是這月初一日離了王
京到今半箇月怎麼纔到的這裏我有一箇
火伴落後了來我沿路上慢慢的行着等候
來因此上來的遲了那火伴如今趕上來了
不曾這箇火伴便是夜來纔到你這月盡頭
到的北京麼到不得知他那話怎敢說天可
憐見身已安樂時也到你是高麗人卻怎麼

노걸대(서울대학교 규장각 한국학연구원)
사신의 왕래와 상인들의 교역에 필요한 중국어 회화책이다. 이 책은 고려 시대에 간행되어 조선 시대 역관을 양성하던 사역원에서 교재로 쓰였다. 후에 이 한문본을 바탕으로 우리말로 번역한 『노걸대언해』도 간행됐다.

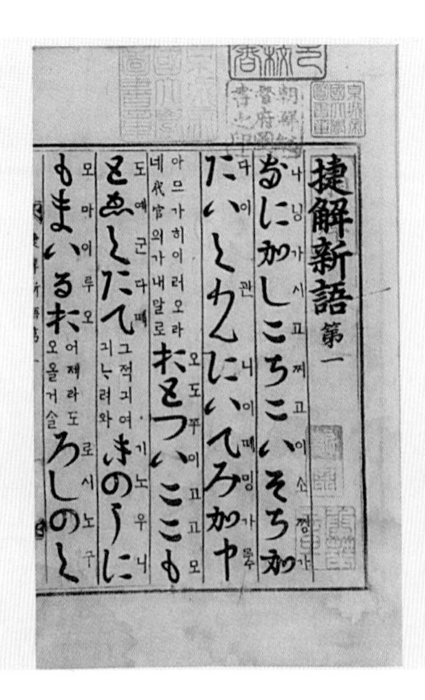
捷解新語 第一

첩해신어(서울대학교 규장각 한국학연구원)
1676년 사역원에서 펴낸 일본어 학습용 교재로 일본어 통역을 위해 만들어졌다. 고려 시대 백정은 양인을 지칭하였지만 조선에 와서는 천민으로 계층이 바뀌었다.

은 의미에서 과거 시험의 일종인 잡과 시험에 합격하여 관아에서 일하는 사람들 뿐만 아니라 양반의 정식 부인이 아닌 첩이 낳은 자식을 말하는 서얼, 각 지방의 관아에서 일하는 향리, 하급 장교 등도 포함되었다.

상민은 백성의 대부분을 차지했는데, 양인·양민·평민 등으로 불렸다. 상민에는 농사짓는 농민, 수공업에 종사하는 장인, 물건을 사고파는 상인이 있었다. 이들은 법적으로는 과거를 볼 수 있었지만, 사실 교육을 받을 기회가 거의 없었고 경제적으로도 여유가 많지 않아 과거 시험에 합격하여 관리가 된 경우는 드물었다.

농민들은 농사지은 농작물에 대한 세금인 조세를 내야했고, 군대에 가서 나라를 지키는 군역, 나라의 각종 공사에 동원되는 요역의 의무가 있었다. 또한 각 고장의 특산물을 바치는 공납의 의무도 있었다.

수공업 분야에서 일하던 기술자를 뜻하는 장인은 나라에서 필요로 하는 물건을 만들어 바쳤다. 나중에는 공장들이 물건을 만들어 판 후 일정한 금액의 세금을 나라에 내도록 그 제도가 바뀌었다.

상인은 나라의 통제 아래에 장사하는 댓가로 나라에서 필요로 하는 물건을 바치거나, 세금을 냈다. 조선 사회에서는 농업을 수공업이나 상업보다 중시하는 '중농억상' 정책을 실시했다. 그래서 사회적으로 농민

창덕궁 약방(서울 종로)
궁중의 의료와 약을 담당했던 내의원이 있던 곳이다. 이곳에 의관이 거주하면서 궁궐의 의사 역할을 했다.

을 우대한 반면에 상인과 장인을 천시했다.

신분의 가장 아래에 속하던 사람들은 천민이었다. 천민에는 노비와 함께 줄타기 같은 묘기를 부리는 광대, 소나 돼지 등을 잡던 백정, 남자들을 시중들던 기생 등이 있었다.

천민 중에 가장 많은 수를 차지했던 것은 노비였다. 노비는 크게 나라에 소속되어 있는 공노비와, 개인에게 속해 있는 사노비가 있었다. 노비는 주인이 사고팔 수 있는 물건처럼 대접을 받았는데, 재산처럼 여겨져서 아버지가 자식들에게 물려주기도 했다.

조선 시대에 신분이 이동하는 경우는 드물었지만 예외도 있었다. 죄를 지은 양반이 그 벌로 노비가 되는 경우도 있었고, 반대로 나라에 큰 공을 세우면 그 포상으로 중인이나 상민, 노비가 양반으로 신분이 상승하기도 했다.

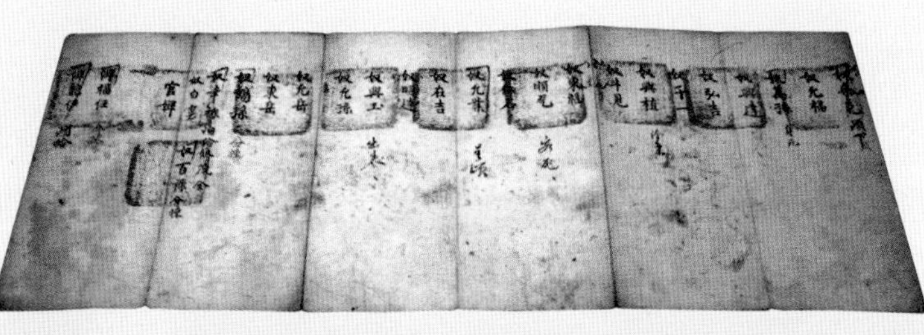

노비안

노비문서는 주로 나라에 속한 노비, 즉 공노비를 대상으로 만들어졌다. 일반 양반들에 속한 사노비는 양반의 호적에 오르도록 정리되어 있었다.

기녀

기녀는 기생이라고도 불렸다. 주로 연회에서 노래와 춤을 행하며 흥을 돋구는 일을 했었다.

2. 가정 생활에서 자녀가 똑같이 대우받다

조선 초기의 가족 제도는 고려 때 모습과 크게 다르지 않았다. 국가에서는 『주자가례』에 따라 가정 예절을 널리 알리려고 했다. 하지만 대부분의 백성은 고려 때의 생활 방식을 그대로 따랐다. 어느 정도 시간이 지나고 난 후에야 점차 유교식으로 가정 의례가 널리 행해지게 됐다. 오늘날 장례를 거행하고 지내거나, 가족끼리 모여 차례나 제사를 지내는 모습과 비슷한 형태로 유교식 가정 의례가 자리매김해 나갔다.

조선 초에는 '남귀여가혼'이라고 해서 남자가 여자 집에 가서 결혼을 하고 일정 시간이 지난 후에 자기 집으로 돌아오는 풍습이 있었다. 이러한 풍습과 함께 재산 상속에서 딸도 아들과 똑같이 대접받았고, 유산을 물려줄 때도 아들과 딸 구분 없이 자녀들에게 골고루 나누어주는 방법

남귀여가혼(男歸女家婚)
남귀여가혼은 고대부터 일반적인 혼인 풍속으로 고구려 서옥제가 이에 해당한다. 고구려는 처가에 '서옥'이라는 집을 짓고 사위 부부가 살게 했고, 아이를 낳아 그 아기가 장성하면 남자 집으로 돌아가 살게 했다.

오죽헌(강원 강릉)
오죽헌은 조선 시대 학자인 율곡 이이가 태어난 곳이자 그의 어머니인 신사임당이 태어난 장소이다. 신사임당은 율곡 이이의 아버지 이원수와 혼인한 후에도 시댁인 경기도 파주와 친정인 강원도 강릉을 오고가며 자녀들을 키웠다. 이는 조선 전기의 가정 문화를 알려주는 모습이다.

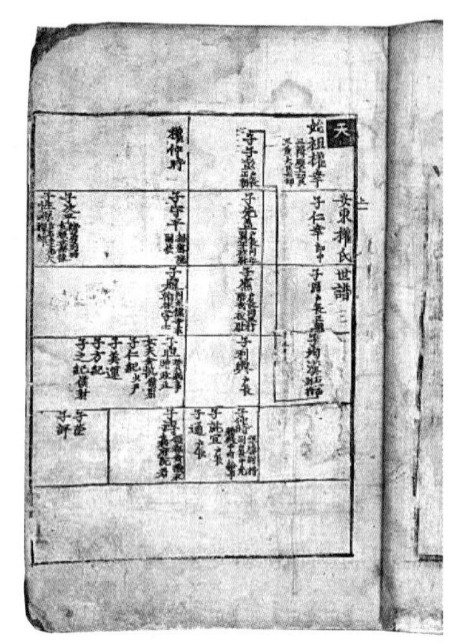

안동 권씨 성화보
현재 전해지는 족보 중 가장 오래된 것으로 성종 때(1476년) 간행되었다. 이 족보에는 안동 권씨 380여 명과 다른 성씨 8천 여명이 수록되어 있다.

이 널리 통했다. 또 딸만 있는 집에서는 굳이 아들이 없어도 대를 잇기 위해 남자 아이를 양자로 입양하는 일이 드물었다고 한다.

이러한 가정 생활의 모습은 신사임당의 경우를 통해서도 확인할 수 있다. 신사임당은 조선 전기의 현모양처로 존경받는 여성으로 조선의 성리학을 완성했다는 평가를 받는 정치가이며 대학자인 율곡 이이의 어머니였다. 신사임당은 결혼을 하고 아이를 가지자 남편과 함께 고향인 강릉으로 갔다. 거기서 자녀들이 어느 정도 클 때까지 자신의 친정집에 머물렀다. 율곡 이이 또한 어머니와 함께 강릉에서 많은 시간을 보내며 대학자로 성장하였다. 이를 볼 때 조선 초에는 여자가 시집을 가는 것이 아니라, 남자가 장가들어 결혼하러 여자 집에 오는 거였음을 알 수 있다.

족보
족보는 한 성씨의 역사 기록으로 가계의 연속성을 보여주고 있다. 따라서 조선 시대 사람들은 족보를 통해 조상을 존중하고 같은 집안끼리 단결 할 수 있었다.

조선 초에 만들어진 『안동 권씨 성화보』라는 족보에는 자녀의 이름을 출생 순서대로 올리고, 사위를 아들처럼 동등하게 대우하였다. 이를 통해 당시 가정에서 남성과 여성의 지위에 별다른 차별을 두지 않았음을 엿볼 수 있었다.

그런데 점차 가정 생활에서 위계 질서를 강조하는 유교가 사회에 널리 퍼져나가면서, 가족 제도에도 영향을 미치게 됐다. 즉 가정 안에서도 위아래 질서가 있어야 한다는 생각이 퍼지면서, 족보를 만드는 것이 널리 유행했다. 또 친척 간에 지켜야 할 예의범절이 중요시되면서 조선 사회는 점차 남성 위주의 사회로 바뀌어 갔다.

더 알아보기

신사임당(1504년~1551년)과 이이(1536년~1584년)

신사임당은 자식들을 훌륭하게 키운 어머니로, 그림과 글씨에 뛰어났던 여류 문인이었다. 그의 아들 이이는 퇴계 이황과 같이 조선 시대 성리학을 발달시킨 사상가이다. 이이는 향약의 보급, 수미법을 주장한 선진적인 인물이었다. 그는 9차례의 과거에서 모두 장원으로 합격한 천재였다. 그래서 사람들은 그를 '구도장원공'이라 불렀다. 병조판서일 때는 '십만양병론'을 주장했고, 『격몽요결』, 『동호문답』, 『성학집요』 등과 같은 많은 책을 썼다. 오늘날 신사임당은 5만원권 화폐에, 아들인 율곡 이이는 5천원권 화폐의 주인공이 되어 조선 시대를 대표하는 인물로 여겨지고 있다.

신사임당 동상(강원 강릉)

자운서원(경기 파주)
광해군 때 이이의 학문과 덕행을 추모하기 위해 지방 유림들이 세웠다. 효종 때 '자운'이라는 현판을 내려 사액서원이 되었다.

오죽헌 문성사(강원 강릉)
율곡 이이를 모시는 사당이다.

율곡 이이 영정(강원 강릉)

3. 농업과 상공업이 발달하다

1) 농업 기술이 발달하다

조선은 농업을 가장 으뜸으로 삼는 나라였다. 임금과 관리들은 농업 기술을 개발하고, 새로 땅을 일구어(개간) 더 많은 농산물을 얻어 민생을 안정시키는 일에 애썼다. 곧 농업을 중시하고 상공업을 억제함으로써 농민들의 이탈을 막는 정책을 썼던 것이다.

세종은 농업 발전에 힘써 농부의 실제 경험을 종합한 『농사직설』을 펴내어 백성들에게 조선의 기후에 맞는 농사 기술을 널리 보급했다. 또 나라 살림을 부강하게 하기 위해 나라의 토지를 조사하여(양전 사업) 세금을 걷을 수 있도록 했다. 태종과 세종 시대에 걸쳐서 양전 사업을 벌인 결과 고려 말에 세금을 걷던 토지가 50~60여 만 결이었던 것에 비해, 태종 때는 120만 결, 그리고 세종 때는 172만 결에 이르렀다고 한다. 양전 사업과 함께 세금을 내지 않기 위해 숨겨놓은 토지(은결)들을 찾아내고, 여기에 토지를 새로 개간하

직파법 모형(농업박물관)
볍씨를 논에 직접 뿌리는 모습이다.

이앙법 모형(농업박물관) 모를 옮겨 심는 모내기하는 모습이다.

여 농경지를 넓히기도 했다.

세종은 기존의 조세 제도 또한 개혁하였다. 조선을 세우는데 이바지한 조준과 정도전은 과전법이란 새로운 토지 제도를 실시했었다. 과전법은 수확량의 10분의 1을 세금으로 걷어갔는데, 세종은 이 제도를 좀 더 세밀하게 고쳐 공법(貢法)이란 제도를 만들었다. 똑같은 땅인데도 어떤 땅은 토지가 비옥해 수확량이 많은 땅도 있고, 또 어떤 땅은 토질이 좋지 않아 수확량을 많이 내기가 불가능한 땅도 있었다. 그래서 세종은 조세에 대한 백성들의 다양한 의견을 모았고, 그러한 의견을 바탕으로 해서 공법을 실시한 것이다.

먼저 그 해 농사의 풍년과 흉년의 정도를 9등급(①상상년~⑨하하년)으로 나누는 연분 9등법을 제정하였다. 또 토지의 좋고 나쁜 비옥도를 6등급(1등전~6등전)으로 나누는 전분 6등법을 적용하여 세금을 내게 하였다.

조선 전기에 주로 행해지던 농사법은 직파법이었는데, 논에 볍씨를 직접 뿌리는 방법이었다. 그런데 직파법을 하면, 새들이 날아와서 씨앗을 먹거나 일부 생명력이 강한 씨앗만 싹을 틔울 수 있다는 단점이 있었다. 또한, 싹이 불규칙하게 자라서 논의 군데군데에 나는 잡초를 뽑아주기에도 일손이 많이 필요했다. 잡초를 뽑아주어야만 땅의 영양분이 벼

에 온전히 전해질 수 있었기 때문에 농민들은 잡초를 없애기 위해 많은 노동을 해야만 했다. 게다가 직파법의 경우 논에 골고루 씨가 퍼지지 않으므로 수확량이 많지 않았다.

조선 후기에 들어 직파법 대신 이앙법이 널리 퍼지게 됐다. 이앙법은 모내기법이라고도 하는데, 우선 모판에 볍씨를 뿌려 싹을 틔운 후에 논에다가 옮겨 심는 농사법이었다. 이앙법으로 농사를 지으면 좋은 점이 많았다. 먼저 싹을 틔운 후에 옮겨 심으면, 생명력이 강한 벼만 논에 심을 수 있어서 생산량을 늘릴 수 있었다. 또 처음에 작은 모판만 관리하면 되므로 노동력이 감소했고 수확량을 늘릴 수 있었다.

농사직설

세종은 몇몇 신하에게 명을 내려 우리 풍토에 맞는 농사법을 담은 책을 만들도록 했다. 그리하여 세종 11년인 1429년에 나온 책이 바로 『농사직설』이다. 본래 조선에서는 중국에서 만든 농사 관련 책에 의지하였지만, 조선과 중국은 기후가 다르다보니 농사 방법도 중국과 다를 수밖에 없었다. 따라서 『농사직설』을 만들 때 세종의 명을 받은 신하들은 각 지역의 농사짓는 백성들에게 농사 방법을 자세히 듣고, 이를 모아서 책을 펴내었다. 그리하여 『농사직설』에는 벼와 보리, 기장, 조, 수수 등 중요한 곡식을 키우는 방법이 잘 담겨 있다.

그러나 이앙법 즉 모내기법에는 커다란 약점이 있었다. 바로 모내기를 할 때 물이 많이 필요하다는 것이다. 논에 물을 충분히 대어놓아야 모판에 싹을 틔워 키운 모를 옮겨 심을 수 있기 때문이다. 그런데 만약 모내기를 할 때 논에 물을 댈 수 없다면 한 해 농사를 다 망치게 된다. 이러한 위험 때문에 나라에서는 모내기법으로 농사 짓는 것을 금지하기도 했다.

하지만 모내기법의 이로운 점이 많았기 때문에 많은 농민이 이를 사용하였다. 점차 각 지역별로 논에 물을 대기 위한 저수지나 보와 같은 것들을 만들어 물 걱정을 해소하면서 전국적으로 널리 퍼져 나갔다.

시비법

농업 생산량을 늘리려면 거름을 주어 땅을 비옥하게 만들어야 하는데 이를 시비라고 한다. 처음에는 밭을 묵혀서 자란 풀을 태워 거름으로 사용했지만 시간이 지나면서 가축이나 사람의 똥과 오줌을 풀이나 갈대에 섞어 퇴비로 만들어 사용했다.

조선 후기에 들어오면서 땅에 비료를 주는 기술인 시비법이 더욱 발전했다. 본래 한 해 농사를 다 지으면 그 다음 한 해를 쉬어 땅의 힘(地力)을 길러야 했다. 왜냐하면 한 해 농사를 짓고 나면 땅의 영양분이 없어지기 때문이다. 그런데 조선 시대에 들어오면서 사람이나 동물의 배설물이 퇴비로 사용되면서 땅의 영양분을 보충하였고, 이에 따라 매해 농사를 지을 수 있게 되어 생산량이 많이 늘어났다.

토지를 다시 비옥하게 하는 기술이 발전하면서, 이제는 봄부터 가을까지는 벼를 심어 수확할 수 있었다. 벼농사가 끝난 후에는 바로 보리를 심어 이듬해에 수확하는 1년 2모작이 가능하게 되었다. 더 나아가서 2년 동안에 3번 수확하는 것(2년 3작)까지도 남쪽의 일부 지방에서는 가능해졌다.

조선 초기 농업기술이 발달하면서 농사를 짓는 방법을 쓴 여러 책이 간행되어 보급되었다. 최초의 농서는 세종 11년(1429)에 정초, 변효문 등이 편찬한 『농사직설』이다. 이 책은 당시 왕이었던 세종이 각 도의 관찰사에게 명령을 내려, 농부들의 농사 경험과 지역에 적당한 농사 방법을 수록함으로써 우리나라의 실정에 맞는 농사 기술이 보급되는 계기를 마련하였다. 또, 성종 때 강희맹은 관직에서 물러난 후 금양현(현 시흥)에서 농사를 지으며 그곳의 농부들과의 대화를 통해 알게된 농업기술과 자신의 농사 경험을 바탕으로 『금양잡록』을 지었다.

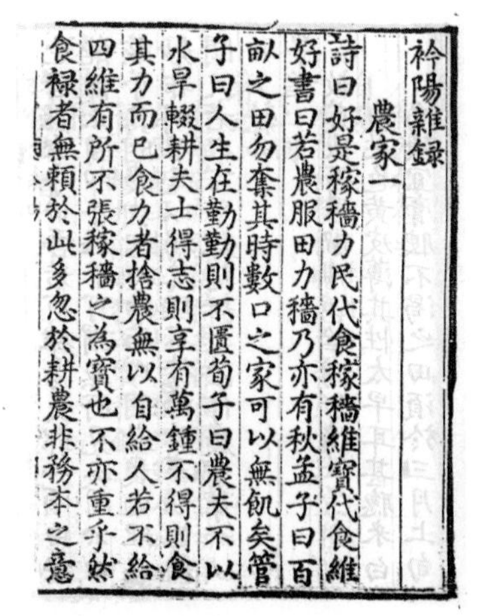

衿陽雜錄
農家一
詩曰好是稼穡力民代食稼穡維寶代食維
好書曰若農服田力穡乃亦有秋孟子曰百
畝之田勿奪其時數口之家可以無飢矣管
子曰人生在勤勤則不匱荀子曰農夫不以
水旱輟耕夫士得志則享有萬鍾不得則食
其力而已食力者捨農無以自給人若不給
四維有所不張稼穡之為寶也不亦重乎然
食祿者無賴於此多忽於耕農非務本之意

금양잡록
1492년(성종 23) 강희맹이 벼슬에서 물러나 금양 지역에서 직접 농사를 지으며 경험한 내용을 적은 책인데 1483년 강희맹이 죽은 뒤 1492년(성종 23)에 아들에 의해 인쇄되었다. 벼를 비롯한 여러 작물을 기르는 법을 담고 있다.

2) 나라의 허가를 받은 상인들이 활동하다

조선은 농업을 최고로 여겨 상업의 발전에는 크게 신경쓰지 않았다. 수도인 한양에는 관청에서 필요로 하는 물건들을 구해주던 시전 상인들이 활동했다. 이들은 한양의 거리에 모여 비단, 무명, 명주, 종이, 모시, 어물(생선) 등의 품목

조지서 터(서울 종로)
오늘날 세검정 초등 학교 아래에 있었다.

육의전 터 표지석(서울 종로)
육의전이라는 국가 공인 상점의 터이다. 육의전은 한양의 여러 곳에 펴져 있었다. 사진의 표지석 근처에 늘어선 거리에 여러 가게가 있었던 것이다.

을 다루는 가게를 세웠는데, 이를 육의전(육주비전)이라고 불렀다.

이러한 가게를 운영하던 상인들은 나라의 허가를 받아 장사를 했다. 이들은 나라에서 필요로 하는 물건을 가져다주는 대신 그 물건에 대해서는 자신들만 팔 수 있는 독점 판매권을 얻어갔었다. 이런 독점 판매권을 금난전권이라고 불렀다.

지방에서는 오늘날의 시장이라 할 수 있는 장시가 열렸다. 장시는 처음에는 성문 밖에서 필요한 물품을 서로 교환하는 수준에 머물렀다. 그 후 점차 5일에 한 번씩 정기적으로 시장이 들어서는 형태로 바뀌어갔다. 장시에서는 농민들이 농사지은 농산품을 가져오고 수공업자들이 직접 만든 물건을 가져와서 교환하는 물물교역이 일반적이었다.

물물 교환이 활발히 이뤄지다 보니 물건을 맡아주고 교환할 곳을 알아봐주는 객주와 여각 같은 것도 나타나게 됐다. 객주는 상인의 물건을 위탁받아 팔아주거나 매매의 중간 상인으로 숙박, 금융, 창고, 운송 등의 업무를 했다. 한편, 여각은 연안의 포구에서 지방에서 오는 상인들을 위해 화물의 도매·위탁판매·보관·운송업·여관업 등을 하던 일종의 상업 기관이다. 특히 조선 후기에 가면, 객주와 여각의 활동에 의해 유통 경제가 활성화됐다.

조선 전기에 주목할 만한 수공업의 발전은 옷감을 짜는 데 있었다. 문익점이 가져온 목화씨 덕분에 우리 땅에서 목화를 재배하게 되면서 여기에서 나온 실로 짠 면직물이 널리 퍼져나갔다.

목화에서 나오는 솜(면)은 추위를 막는 보온성과 습기를 흡수하는 점이 뛰어났다. 또 비단이나 베로 짠 옷감에 비해서 만드는 데 필요한 노동력 또한 적게 들어갔다. 세종과 성종은 이러한 면의 장점을 높이 사서 조선의 각 지역에서 목화를 재배하게 하고, 면직물을 생산하도록 했다.

면직물 말고도 한양에는 종이를 전문으로 만드는 조지서라는 관청이 있어 질 좋은 종이를 만들었다. 또 이와 함께 소금도 중요한 생산품 중에 하나였는데, 소금은 오직 국가에서만 팔 수 있도록 법으로 정해져 있었다.

객주(『기산풍속도첩』, 독일 함부르크 민족학 박물관)
조선 시대 객주집의 모습을 그렸다.

조선 후기 장시 모형
(한국상업사박물관)

03

민족 문화가 발달하다

세종, 아악을 정리하다

세종은 궁궐이나 국가의 공식 행사에 쓰이는 악기와 음악을 정리하였다.

1. 민족의 고유글자인 한글이 창제되다

세종은 많은 업적을 남긴 임금으로 우리 민족의 글자인 한글을 창제했다는 것은 그 중에서도 가장 뛰어난 업적이라 할 수 있다. 한글이 창제되면서, 누구나 자신의 생각을 우리글로 쓸 수 있고 민족 문화가 발달하게 됐다.

한글
한글의 처음 이름은 '훈민정음'이다. 그런데 한글을 낮춰 불러 조선 시대에는 언문이라 했다. 일제 강점기인 1928년 가갸날이 한글날로 바뀌면서 한글이란 이름이 널리 쓰이게 됐다.

세종은 성삼문, 박팽년 등 집현전 학자들의 도움으로 1443년(세종 25)에 백성들이 배우기 쉽고 우리말의 소리를 잘 표현할 수 있는 훈민정음을 창제했다. 이어 3년 후인 1446년에 그동안의 실험을 바탕으로 마침내 훈민정음을 전국에 반포함으로써 우리 민족의 독창적인 글자를 가지게 되었다.

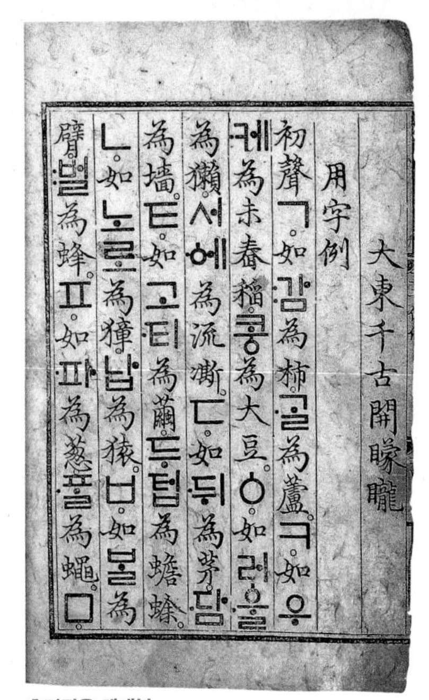
大東千古開矇矓
用字例
初聲ㄱ。如감爲柿。골爲蘆。ㅋ。如우
케爲未舂稻。콩爲大豆。ㆁ。如러울
爲獺。서에爲流凘。ㄷ。如뒤爲茅。담
爲墻。ㅌ。如고티爲繭。두텁爲蟾蜍。
ㄴ。如노로爲獐。납爲猿。ㅂ。如볼爲
臂。벌爲蜂。ㅍ。如파爲葱。풀爲蠅。ㅁ。

훈민정음 해례본

훈민정음은 만들어진 원리가 과학적인 글자로 어떤 소리도 글자로 쉽게 표현할 수 있고, 누구나 배우기 쉬운 문자이다. 세종은 훈민정음을 만들 때 사람의 몸에서 소리 나는 기관의 모습과 함께 하늘과 땅, 사람의 모양을 참고하여 글자를 만들었다. 처음 창제될 때는 자음 17자, 모음 11자, 총 28글자를 만들었는데, 그 중에서 4글자가 없어져 지금은 24글자만 사용되고 있다.

당시 세종이 한글을 창제하는 과정에서 최만리와 같은

더 알아보기

한글 창제 반대에 대한 최만리 상소문

우리 조선은 예부터 중국을 섬기며, 항상 중국의 법과 제도를 따라왔습니다. 이 모든 일은 중국과 같은 글자를 써왔기 때문에 가능했던 일이지요. 그런데 임금님이 새로 언문(한글을 낮춰서 부르는 말)을 만드신걸 보고 놀랐습니다. 글자에 각각 소리를 두고, 글자들을 합쳐서 소리를 나타내는 방법은 중국의 글자인 한문에는 없는 방법입니다. 이전의 역사에 찾아볼 수 없는 글자를 만들어 사용한다는 사실이 중국에 들어가면 어찌 우리가 중국을 계속 섬길 수 있겠습니까?

(『세종실록』 권103, 세종 26년 2월).

일부 신하들이 거세게 반대하기도 하였다. 이들은 조선이 유교의 종주국인 중국을 따라야 한다고 생각했다. 즉, 조선의 학문이 발달할 수 있었던 이유가 중국과 같은 글자인 한자를 썼기 때문이라고 주장했다.

하지만 세종의 생각은 달랐다. 그는 배우기 쉬운 글자를 만들어 백성들이 이를 익히도록 하여 자신들의 뜻을 글로 나타낼 수 있게 되기를 바랐던 것이다. 세종은 신하들의 반대를 무릅쓰고 훈민정음을 창제했고 그 덕분에 우리는 지금까지 한글을 쓸 수 있게 되었다.

세종은 훈민정음을 반포하기에 앞서 조선 왕조를 창업한 태조(이성계)를 비롯한 6명의 조상을 찬양한 「용비어천가」를 한글로 지었다. 이는 한글의 권위를 높이려는 세종의 의도를 보여주는 것이다. 또한 부처님을 찬양하는 「월인천강지곡」, 「석보상절」 등도 한글로 편찬했다.

용비어천가
한글로 기록한 최초의 서사시로 조선의 건국이 하늘의 뜻에 의해 이루어졌음을 밝히고 있다.

성종 때에는 백성들에게 유교식 예절을 알리는 『삼강행실도』 같은 책들에 훈민정음을 추가한 언해본이 간행되기도 했다. 이와 함께 하급 관리들의 시험에서 한글을 실시하기도 했다. 이처럼 한글이 점차 백성들에게 보급되면서, 주로 한문을 모르는 일반 백성과 여성들 사이에서 널리 쓰이게 됐다.

『훈민정음 해례본』(간송미술관)
훈민정음을 설명한 한문 해설서로 1446년 세종의 명으로 정인지 · 신숙주 · 성삼문 · 최항 · 박팽년 · 강희안 · 이개 · 이선로 등 집현전의 8학자가 집필했다.

세종대왕의 한글창제(국립한글박물관)모형

2. 사상과 종교의 변화가 생기다

1) 성리학이 국가의 통치 이념이 되다

성리학은 조선을 건국하는 데 가장 큰 영향을 준 학문이자 사상이었다. 성리학은 유학의 한 갈래인데, 중국 송나라 시절에 주자(본명 : 주희)에 의해 집대성된 새로운 유학으로 주자학으로 불렸다. 우리나라에는 고려 말 원나라로부터 들여오게 됐다.

성리학
성(性)은 인간의 본성을 뜻하고, 이(理)는 우주의 원리 또는 이치를 뜻한다. 따라서 성리학은 인간의 심성과 우주의 원리를 철학적으로 연구하는 학문을 말한다.

유학은 본래 공자와 맹자의 가르침을 따르는 학문이다. 성리학은 공자와 맹자의 가르침을 바탕으로 인간의 본성과 우주의 원리를 깊이 연구하는 학문이었는데 주로 고려 후기 신진 사대부들이 받아들였다.

성리학은 조선을 건국한 신진 사대부들에 의해 국가 통치 이념으로 채택되었다. 이후 조선 사회에서 성리학은 정통으로서의 권위를 누리게 되었다. 세종 때는 성리학을 통해 백성들을 가르치고, 정치의 기본으로 삼아 나라를 안정시켜 갔다.

그런데 조선 초기에 성리학에서 중시하는 예의와 명분의 뿌리를 흔드는 일이 일어났다. 수양대군이 조카인 단종을 몰아내고, 왕위를 빼앗아

퇴계 이황(1501~1570)

율곡 이이(1536~1584)

성리학(주리론과 주기론)
성리학은 우주의 근원에 대해 이와 기라는 것을 통해 연구하는 학문이었다. 학자들에 따라 그 생각에 차이가 있긴 하지만 일반적으로 이는 우주의 절대적인 진리를 말한다. 반면 기는 우리가 실제 경험하는 세계를 말한다.
퇴계 이황은 율곡 이이와 조선 성리학의 틀을 만들었는데 우선 시대적으로 앞서 태어난 이황은 이러한 이와 기로 인간의 본성과 감정을 설명했다. 이황의 경우 인간의 본성은 절대적 선인 이에서 나오는 것으로 선하지만, 인간의 감정은 기에서 나오는 것이라 선함과 악함이 함께 나타난다 했다. 이를 주리론이라 한다. 그러나 율곡 이이는 퇴계 이황의 생각과는 달리 절대적 진리이나 그 형체가 없는 이가 기를 통해 현실에 나타나는 것이라 주장했다. 이러한 입장은 기를 상대적으로 중시하는 생각이라 하여 주기론이라 했다.

자신이 임금(세조)이 되는 일이 일어난 것이다. 당시 성리학자의 대부분은 권력을 좇아 세조의 편에 섰지만, 지방 곳곳에서는 성리학을 공부하며 의리와 대의 명분을 중시하는 선비들도 많았다. 이들이 숭상하는 성리학은 16세기에 이르러 퇴계 이황과 율곡 이이 등에 의해 더욱 발달했다.

조선의 임금들은 성리학을 백성들 사이에 널리 보급하기 위해 계속 노력했다. 한양의 성균관과 지방의 향교에 유학을 창시한 공자와 성리학을 집대성한 주자를 비롯하여 중국과 우리나라의 선현들의 위패를 모시고 제사를 드리는 문묘를 설립하였다. 풍기 군수였던 주세붕이 중종 38년(1543) 영주에 안향을 모시는 백운동서원을 건립한 것을 계기로 전국에 서원이 세워졌다. 이후 소수서원이라는 사액을 받으면서 이름이 바뀌었다. 서원은 성현에 대한 제사와 함께 유학 발달과 유교 의식 보급에 도움을 주었다.

이와 함께 궁궐에서 행해지는 각종 행사를 유교식 예법에 따라 치르도록 『국조오례의』라는 책을 만들었다. 이 책은 성종 5년(1474) 완성됐는

장릉(강원 영월)

작은 아버지인 수양대군에게 왕위를 빼앗겼던 단종은 1457년(세조 3) 성삼문 등이 계획한 단종 복위 계획이 드러나면서 강원도 영월의 청령포에 유배를 가 숨을 거두었다. 영월 지역에 살던 엄흥도가 단종의 시신을 수습하여 장사지낸 뒤 그 묘를 숨겨왔다. 그러나 선조 때에 이르러 김성일 · 정철 등의 노력으로 표를 하여 영역을 갖추게 되었다. 본래 묘호를 받지 못한 채 노산군(魯山君)으로 불리던 단종은 이후 숙종 때에 이르러 '단종(端宗)'이라는 묘호를 얻고 종묘에 그의 신주가 모셔졌다. 단종의 묘는 장릉으로 불리게 되었다.

데, 책의 내용은 종묘와 사직 및 산천 등에 올리는 국가의 제사 의식(길례), 왕실과 종친들의 결혼 의식(가례), 중국과 일본 등의 사신을 맞는 접대 의식(빈례), 왕이 지휘하는 군사 의식(군례), 왕실과 사대부들이 행하는 장례 의식(흉례)에 관한 국가의 기본 예식을 자세히 밝히고 있다. 이를 통해 조선이 성리학에서 강조하는 예의를 얼마나 중시했는지 알 수 있다.

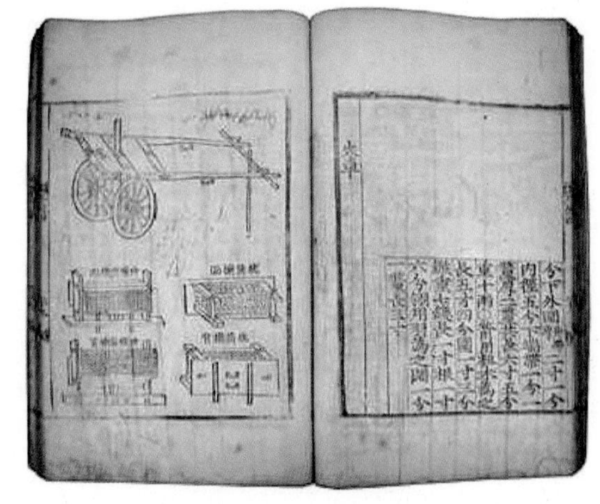

국조오례의 서례
이 책은 세종 때 시작하여 성종 때에 신숙주 등이 완성했다. 8권 6책으로 조선 시대 각종 의례를 연구하는데 기초 자료로 활용되고 있다.

2) 불교와 도교가 점차 쇠퇴하다

조선이 유교를 나라의 근본으로 삼으면서, 가장 탄압 받았던 종교는 불교였다. 고려에서는 불교가 나라의 근본이 되는 종교였지만 조선 시대에 들어서는 명맥을 겨우 이어갔다. 불교는 국가의 탄압에도 불구하

선농단(서울 동대문)
조선 시대 농사와 관련된 신인 신농씨와 후직씨를 모시고 풍년을 기원하기 위해 제사를 지내는 제단이다. 선농단 앞에는 밭을 마련하여 제사가 끝나면 임금이 직접 밭을 경작하여 권농에 힘쓰기도 했다.

고 여전히 오랫동안 일반 백성들 사이에서 믿어졌기 때문에 그 명맥을 유지할 수 있었다. 심지어 조선을 세운 태조 이성계 또한 개인적으로 불교를 믿었다. 그러나 정도전을 비롯한 조선을 세운 신하들은 유교를 나라의 근본 신앙으로 삼도록 했고, 불교를 억누르도록 했다. 그래서 조선 초에는 많은 절이 강제로 없어지게 됐다.

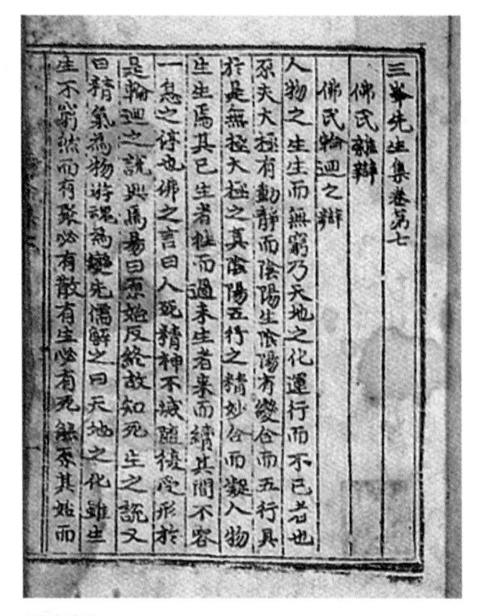

三峯先生集卷第七
佛氏雜辨
佛氏輪廻之辨
人物之生生而無窮乃天地之化運行而不已者也
原夫太極有動靜而陰陽生陰陽有變合而五行具
於是無極太極之眞陰陽五行之精妙合而凝人物
生生焉其已生者往而過未生者來而續其間不容
一息之停也佛之言曰人死精神不滅隨復受形於
是輪廻之說興焉易曰原始反終故知死生之說又
曰精氣爲物游魂爲變先儒解之曰天地之化雖生
生不窮然而有聚必有散有生必有死能原其始而

불씨잡변
1398년(태조 7)에 정도전이 저술한 불교 비판서로 삼봉 선생 문집에 들어 있다.

그런데 조선의 몇몇 임금은 개인적으로는 불교를 인정하기도 했다. 세종은 한글을 창제하고 나서, 불교를 찬양하는 노래인 「월인천강지곡」을 한글로 짓도록 했다. 그리고 세종의 아들인 수양대군(세조)은 임금이 된 후에 도성 안에 원각사란 절을 중건하고(세조 10년, 1464), 고려 시대 석탑인 경천사지 십층 석탑을 모방하여 원각사지 십층 석탑을 만들었다. 또 간경도감을 두어 많은 불경을 한글로 번역하여 일반인들도 쉽게 불경을 이해할 수 있도록 했다.

그러나 성종이 즉위하면서 불교를 억압하는 정책을 펴갔다. 이렇게

원각사지 터(서울 종로)
현 탑골공원에 있었다. 앞은 팔각정이다.

원각사지 십층 석탑(서울 종로)
원각사는 세조 때 세워진 절로 오늘날의 탑골 공원 자리에 있었다. 위의 석탑은 원각사에 세워진 십층 석탑으로, 몇 안 되는 대리석으로 만들어진 석탑이다. 고려 때 세워진 경천사지 십층 석탑과 그 모습이 닮았다. 탑의 모습은 아래 부분이 땅 밑으로 들어가 있음을 알 수 있다.

조선의 권력자들이 불교를 멀리했던 건 고려 말에 불교가 나라에 큰 피해를 끼쳤다고 생각했기 때문이다.

조선에 들어와서 불교와 함께 도교 또한 쇠퇴하게 됐다. 태조는 조선을 건국한 후 국가에서 행하던 도교 의식을 줄였다. 그리하여 도교 의식을 주관하던 기관인 소격전 한 곳에서만 행하도록 했다. 이후 소격전은 세조 때 와서 그 이름이 소격서로 낮춰 불려졌다.

1518년 중종 때 사림의 대표라 할 수 있던 조광조는 소격서를 아예 없애는 것을 건의했다. 소격서 혁파가 중요 정책이 됐을 만큼 도교는 조선 시대에 이르기까지 계속됐었다. 하지만 조광조와 그를 따르는 사림들이 기묘사화로, 중앙 정치 무대에서 쫓겨나자 다시 소격서가 부활했다. 그러나 이것도 잠시였고, 임진왜란 이후에는 소격서가 사림들에 의해 완전히 사라지게 됐다.

이처럼 도교는 조선 시대에 와서 점차 쇠퇴하게 되었다. 그러나 일반

산신각(문경 봉암사)
산신은 본래 도교에서 믿는 산의 신령한 신을 말한다. 산신은 이후 불교에 수용되어 절의 한 켠에 산신을 모시는 산신각이 만들어졌다.

백성들에게는 아직 큰 영향을 미치고 있었다. 특히 도교와 밀접한 관계가 있는 하늘의 북극성을 믿는 신앙과 양생법이라 하여 건강하게 장수하는 수련법이 백성들 사이에 널리 퍼졌었다.

소격서 터(서울 종로)
태조 때 오늘날 종로구 삼청동에 소격전을 건립한 이래로 세조 12년(1466) 소격서로 그 이름을 바꾸었다. 연산군과 중종 때 일시 폐지됐으나 제사는 계속 지내다가 임진왜란 이후 신하들의 강력한 건의로 없어지게 됐다.

3. 역사책과 지리서·지도를 편찬하다

1) 역사책을 편찬하다

조선은 건국 초기부터 역성혁명의 정당성과 왕실의 정통성을 내외에 과시하

독성각(부산 범어사) **칠성각(남원 실상사)**
사찰에서 산신을 모신 산신각, 혼자 수행하여 도를 깨우친 성인을 모신 독성각 그리고 북두칠성을 모시는 칠성각은 토착 신앙과 함께 도교적 성격을 보여주는 건물이다.

고 성리학적 통치 규범을 확립하기 위해 역사책 편찬에 힘을 기울였다. 태조 때 정도전은 『고려국사』를 편찬하여 역성혁명의 정당성을 밝히고 왕도 정치와 재상 중심의 정치 구현을 강조했다.

조선은 고려 왕조의 역사를 분야별로 정리한 기전체의 『고려사』와 연대기적으로 역사를 서술한 편년체의 『고려사절요』를 편찬했다. 성종 때 서거정 등은 단군조선부터 고려 말까지의 역사를 정리한 『동국통감』을 편찬했다. 16세기에 들어서는 박상의 『동국사략』, 이이의 『기자실기』 등의 역사책이 간행되었다.

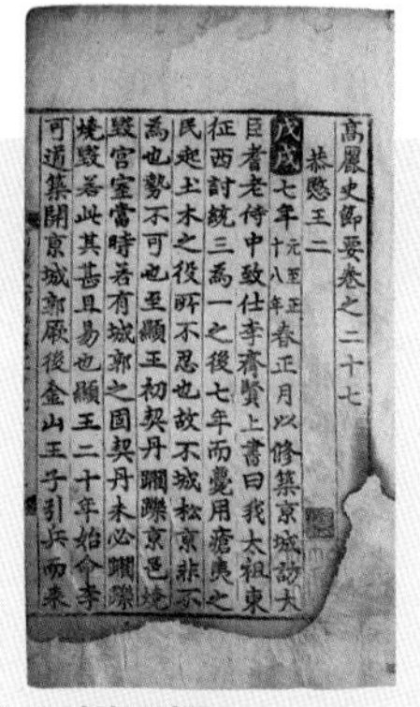

조선왕조실록
태조부터 철종까지 25대 472년 간의 역사를 기록한 편년체 사서로, 1893권 888책이다. 1997년에 유네스코 세계 기록 유산에 등재됐다.

고려사절요
문종 2년(1452) 김종서 등이 편찬한 편년체 사서로, 기전체 사서인 『고려사』와 더불어 고려 시대 연구에 귀중한 자료가 되고 있다.

동국사략
강목법에 따라 서술한 역사책으로 『삼국사략』이라고도 불린다. 태종 2년(1402) 권근 · 하륜 등이 편찬했다.

더 알아보기

『동국통감』의 편찬

달성군 서거정(徐居正) 등이 『동국통감』을 편찬하여 올렸는데, 임금이 보고 전교하기를, "이 책은 진실로 만세에 남길 만한 것이다. 권근의 논한 것이 혹시 자기 개인의 소견으로써 논한 곳이 있는가? 그리고 저론자는 오직 김부식(金富軾)과 권근뿐인가?" 하니, 서거정 등이 아뢰기를, "사마천(司馬遷)이 논한 것을 반고(班固)가 비난하였고, 사마광(司馬光)이 논한 것을 뒷사람이 또 비난한 자가 있었으며, 삼국 때 김부식이 논한 것을 권근이 또 비난하였는데, 신 등이 권근의 논한 것을 보니, 혹 잘못된 곳이 있었습니다. 김부식·권근 두어 사람 외에 나머지는 논평을 쓴 자가 없고, 단지 이첨(李詹)이 찬(贊) 두 편을 지었을 뿐입니다. 그리고 논(論)을 쓰면서 범연히 '사신왈(史臣曰)'이라고 일컬은 것이 하나만이 아닌데, 누구인지 알지 못하겠습니다. 고려 때에 논평을 쓴 이는 오직 이제현(李齊賢)뿐이었습니다."하였다.

『성종실록』 권172, 15년 11월 병신

2) 지리책을 편찬하다

조선 전기에는 역사서와 함께 지리책 또한 많이 만들어졌다. 이들 지리지들은 각 지방의 풍속과 경제, 국방 등에 대한 내용을 담아 국가가 나라를 다스리는 데 도움을 줄 수 있도록 만들어졌다. 이후 점차 문화적인 내용이 담기기도 했다.

세종 때 만들어진 지리지는 각 지역의 인구를 파악하고, 군대를 운영하며, 세금을 걷는 데 도움이 될 만한 내용들을 주로 담고 있었다. 그 대표적인 것으로 「경상도지리지」가 있는데, 오늘날까지 전한다. 또한 세종 14년(1432) 조선 최초의 지리지인 『신찬팔도지리지』가 만들어졌다. 이 책은 각 도의 이름난 산과 강, 토산물, 인구와 기후 등을 체계적으로 담고 있었다고 한다.

동국통감(서울대학교 규장각 한국학연구원)
고조선에서 고려에 이르는 최초의 통사이다.

경상도지리지
세종 7년(1425)에 편찬한 경상도지리지로 당시 군사 관계, 조세, 공물 납부 등이 자세히 기록되어 있다. 고려 시대에 편찬된 『삼국사기』 지리지 다음으로 오래된 것으로 사료적 가치가 높다.

1454년에 완성된 『세종실록』에는 전국의 지리책이 실려있는데, 이를 「세종실록지리지」라 한다. 이 책의 편찬 목적은 전국 모든 고을의 조세와 공물, 수취, 군역 징발 등을 중앙 정부에서 직접 통제하기 위해서 였다.

다음으로 성종 17년(1486)에 노사신·강희맹·서거정 등이 『동국여지승람』을 편찬했다. 이 책에는 각 도의 연혁 외에 세종 때 만들어진 지리지에 비해 인물, 예의와 풍속, 시와 글 등 문화적인 내용이 많이 들어있다. 『동국여지승람』은 이후 3차례에 걸쳐서 수정된 후 중종 때인 1530년에 『신증 동국여지승람』으로 완성되어 오늘날까지 전하고 있다.

3) 여러 지도가 만들어지다

조선 전기에는 지리지와 함께 지도 또한 많이 만들어졌다. 조선이 건국된 후 그 행정 구역이 고려 때와는 달라지면서 새로운 나라의 행정 구역을 담은 지도들이 만들어졌다.

태종 2년(1402)에는 「본국지도」와 「혼일강리역대국도지도」가 만들어졌다. 세종 때에는 「팔도도」라는 전국 지도를 만들고, 세조 때에는 양성지 등이 「동국지도」를 완성하였다. 「동국지도」는 진관 체제라는 전국 단위의 방어 체제가 갖추어지면서 동서간의 비율과 해안선이 그전보다 더 정확하게 그려졌다.

명종 때에 와서는 「동국지도」를 바탕으로 하여 「조선방역도」가 만들어졌다. 이 지도는 조선 전기에 만들어진 지도들 중에 유일하게 아직까지 원본이 전해지는 지도로, 우리나라 전역의 산천의 모습과 국경선을 정확히 파악했고, 만주와 쓰시마섬까지도 표현하고 있다.

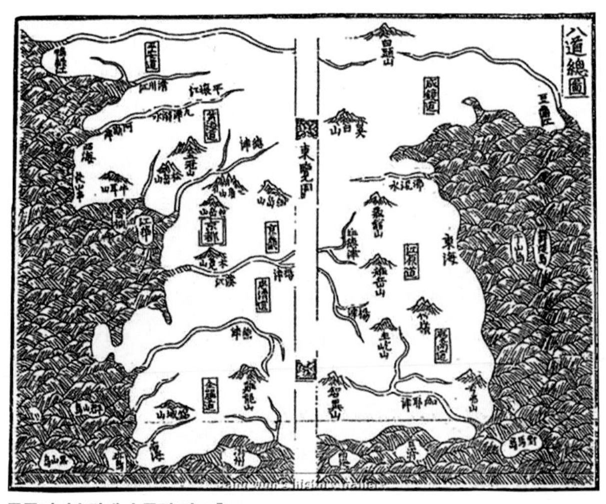

동국여지승람에 수록된 팔도총도

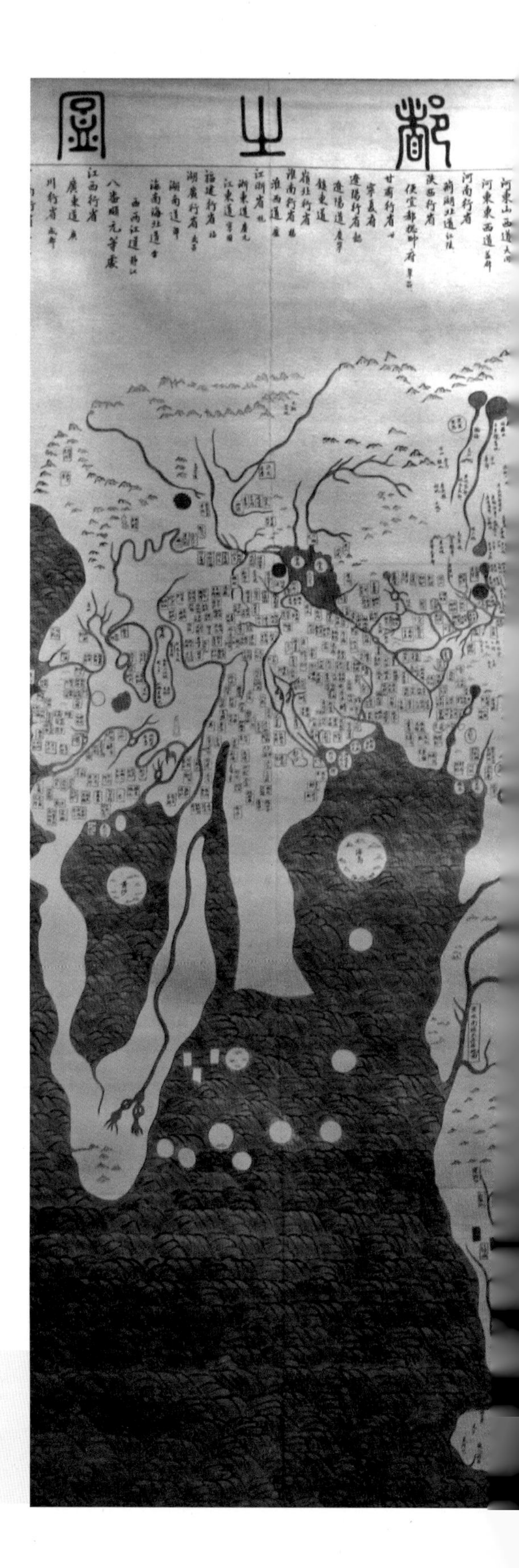
혼일강리역대국도지도(混一疆理歷代國都之圖)
태종 때 김사형 · 이회 등이 만든 세계 지도로 일명 역대제왕혼일강리도라고도 한다. 지도 하단에는 권근이 쓴 글이 있다. 크기는 가로163×세로150cm로 일본 류코쿠대학에 보관되어 있다.

4. 예술과 과학 기술이 발달하다

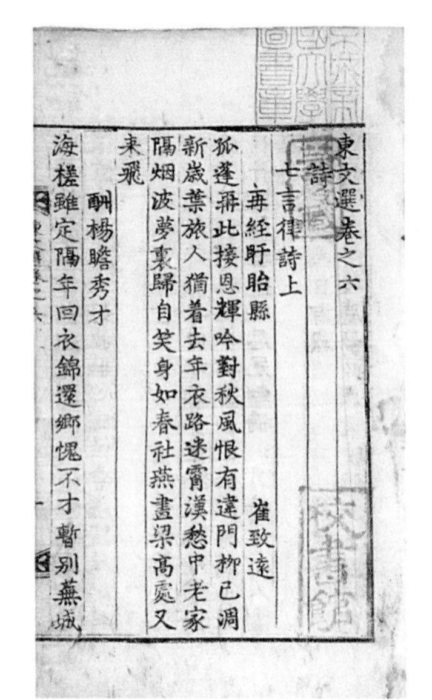
東文選卷之六
詩
七言律詩上
再經盱眙縣 崔致遠
孤蓬再此接恩輝吟對秋風恨有違門柳已凋
新歲葉旅人猶着去年衣路迷霄漢愁中老家
隔烟波夢裏歸自笑身如春社燕畫梁高處又
來飛
酬楊贍秀才
海槎雖定隔年回衣錦還鄉愧不才暫別蕪城

동문선(서울대학교 규장각 한국학연구원)
성종 때 서거정이 주관하여 만든 책으로 삼국 시대부터 조선 성종 초까지의 시와 문장을 선발해 엮은 책이었다.

1) 다양한 문학 장르가 발달하다

조선 사회의 지식층인 유학자들은 문학을 인간의 품성을 계발하고 백성들을 교화하는 도구로 인식하였다. 그리고 유학(도학)의 근본을 밝히고 유교 국가의 질서를 강화하는 것이 문학의 주요 역할이라 생각했다.

이처럼 조선 초기 문학은 새로운 왕조 건국의 정당성과 유교적 통치 체제의 확립 등 시대적 역할을 담당했다. 이에 따라 건국의 주역인 사대부 중심의 관인(官人) 문학이 발달했다. 정도전의 「불씨잡변」, 권근의 「입학도설」을 비롯하여 「신도가」, 「오륜가」, 「용비어천가」 등의 악장 문학이 창작되었다.

조선 전기에는 시조와 가사 문학도 발달하였다. 고려 중엽부터 생겨나기 시작한 시조 문학은 이 시기에 이르러 뛰어난 작가들이 나와 더욱 활발하게 창작되었다. 고려 왕조를 회고한 길재와 원천석, 충신의 절개를 읊은 성삼문과 박팽년, 여류 시인 황진이와 신사임당, 성리학자인 이황과 이이 등이 시조문학을 빛냈다. 관료들에 의해 한문으로 글과 시를 짓는 한문학도 발달했는데, 성종 9년(1478) 서거정 등이 『동문선』을 편찬해 중국 문학과의 차별성을 두었다.

한편 세종이 한글을 창제함으로써 드디어 우리 민족의 글자인 훈민정음으로 쓰인 문학 작품들도 처음으로 나오게 됐다. 한글로 쓰인 문학 작품으로는 고려 말부터 쓰여진 우리 전통 시인 가사가 있었다. 대표적인 작품으로는 정극인의 「상춘곡」과 정철의 「관동별곡」·「사미인곡」·「속미인곡」 등이 있다.

서거정 묘지명(경기도박물관)
서거정의 덕과 공 및 인적 관계 등을 적었다.

2) 음악을 정리하다

조선 왕조에서 음악은 국가의 의례와 백성의 교화 수단으로 사용되었다. 국가의 경축 행사와 제례, 국왕의 행차, 궁중과 관청의 연회, 사신 접대 등 규모와 격에 맞는 음악을 연주했다. 세종은 음악에 재능이 있었던 박연에게 궁중 음악을 정리하게 했다. 이에 박연은 종묘와 사직, 문묘 등의 제례에 사용되는 궁중 음악인 아악을 정리하였을 뿐만 아니라 악기와 악보도 정리하여 우리나라 전통 음악의 기초를 확립하는데 크게 이바지했다.

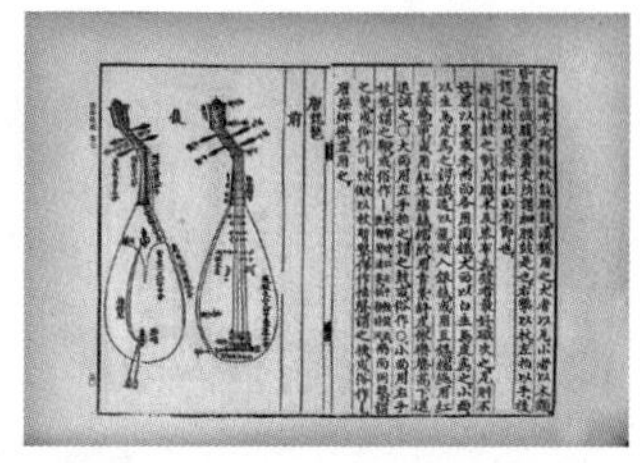

악학궤범
1493년(성종 24)에 왕의 명령에 따라 신하들이 조선 왕실의 중요 행사에 쓰이던 악보를 정리한 책이다. 책에는 악기의 배치, 악공의 복색, 연주 방법, 노래 가사 등 연주와 관련된 여러 내용이 총망라되어 있다.

세종 때 음의 높이와 길이를 정확하게 표현한 「정간보」라는 악보를 만들었다. 성종 24년 성현 등은 궁중 음악, 무용, 악기 등을 그림과 곁들여 설명하고 왕실의 예와 악을 집대성한 『악학궤범』이라는 음악 이론서가 편찬되어 현재까지 전해지고 있다.

아악
조선 시대 쓰이던 궁중 음악으로 제사 의례 때 사용됐다. 오늘날에도 문묘제례악과 종묘제례악에 그 전통이 남아있다.

정간보
음가를 표시하기 위해 만든 악보로 동양에서 제일 오래됐다. 세종 때에는 1행을 32정간으로 창안했다가 세조 때 1행이 16정간인 악보로 고쳐 만들었다.

3) 공예 기술과 회화가 발달하다

고려에서 조선으로 넘어오면서 도자기의 형태도 변화하였다. 15세기에는 고려 말부터 분청사기가 많이 만들어졌다. 분청사기는 푸른빛이 감

도자기의 변천
고려 시대에는 처음에 순청자가 만들어지다가 12세기 무렵 상감청자가 만들어졌다. 이후 고려 말 분청사기가 만들어져 조선 초까지 유행하다가 16세기에는 순백자가 이를 대신하였다. 조선 후기에 이르러 청색 안료가 수입되면서 청화백자가 유행했다.

분청사기
분청사기는 조선 초에 주로 만들어졌던 도자기로 고려 청자에서 조선 백자로 변화하는 중간 단계의 도자기로 알려져 있다. 회색 빛깔의 도자기 바탕 위에 흰색 흙으로 표면을 장식한 채 구운 도자기로 은은한 회청색을 띤다.

순백자 병
16세기에 이르러 백자가 유행하면서 사대부들의 깨끗함, 담백함, 고상함 등을 대변하고 있다.

몽유도원도(일본 덴리대학) 부분
안견이 1447년(세종 29)에 그린 산수화로 안평대군이 쓴 발문과 신숙주 · 정인지 · 서거정 등 23명이 쓴 찬문이 있다.

도는 청자보다는 더 회색 빛깔을 띠는 소박함이 돋보이는 도자기다. 이러한 분청사기도 16세기에 이르면서 쇠퇴하고 그 대신 선비의 깨끗함을 상징하는 흰색의 순백자에게 자리를 내주게 된다.

그림은 고려 때 유행하던 불교 관련 작품들이 사라지고, 자연의 풍경을 그린 산수화가 발달하게 됐다. 조선 전기의 대표적인 산수화로 안견이 그린 「몽유도원도」가 있다. 이 그림은 세종의 셋째 아들인 안평대군의 꿈에 나타난 산의 모습이라고 한다. 안평대군이 신선이 산다는 도원(桃源)을 방문한 꿈 이야기를 도화원 화가 안견에게 들려주어 그리게 한 그림으로 세종 때 문화 예술의 성격을 집대성한 기념비적 작품으로 평

가받고 있다. 안평대군은 학문을 중시하고 시·서·화에 능해 3절이라는 칭송을 받았고 도성 북문 밖 인왕산에 무이정사를 짓고 문인들과 교제했는데, 당대 제일의 명필로 중국에까지 명성을 날렸다.

日月盈昃
辰宿列張
寒来暑往
秋收冬藏
閏餘成歲
律呂調陽

천자문(한호의 글씨)

한호는 조선 중기의 서예가로 한석봉이라는 이름으로 더 유명하다. 그는 중국의 왕희지에 비유 될 만큼 뛰어난 서예 실력을 지녔다. 그만의 독특한 글씨체인 석봉체는 부드럽고 유려한 글씨체로 유명하다.

장영실
장영실의 조상은 원나라 사람으로 고려 때 귀화했다고 전해진다. 그는 원래 오늘날 부산 동래 지방의 노비였다고 한다. 그런데 과학 기술이 뛰어나 세종 때 관직에 나간 후 물시계, 측우기 등을 만들었다. 이후 벼슬이 정3품의 상호군에까지 올랐다.

칠정산
칠정은 7개의 행성인 해와 달, 목성, 화성, 토성, 금성, 수성을 말한다. 세종 26년 이순지와 김담으로 하여금 원이 수시력과 아라비아의 회회력을 참조하여 만든 칠정산은 내편과 외편으로 구성된 달력으로 오늘날의 천체력에 해당한다. 칠정산에 따르면 1년의 길이가 현재 통용되고 있는 서양의 그레고리 태양력과 같은 365.2425일이다. 이는 당시 우리나라 천문학의 수준이 매우 높았음을 말해주고 있다.

안평대군은 뛰어난 서예와 그림들을 많이 남겼고, 특히 자신만의 글씨체로 유명했다. 이후 우리나라에서 가장 유명한 서예가로 조선 중기에 활약한 한호가 있다. 한석봉이란 이름으로 더 유명한 그는 자신만의 글씨체인 석봉체를 만들어내기도 했다.

4) 과학 기술이 발달하다

천문학은 농업뿐만 아니라 국가의 운명과 정치의 성패에 큰 영향을 준다는 믿음 때문에 중시됐다. 이에 조선 정부는 서운관을 두어 천체 운행을 관측하고 각종 천체 관측기계를 제작했다. 태조 4년(1395) 고구려의 천문도를 바탕으로 「천상분야열차지도」라는 천문도를 돌에 새겨 만들었다. 세종 때에는 궁궐에 천문대를 두어 천문학 발전의 기틀을 삼았다. 이어 세종은 장영실, 이순지 등을 통해 천문을 관측하고 혼천의, 간의, 일성정시의 등의 천문 관측기를 만들게 했다. 해시계인 앙부일구와 물시계인 자격루 등이 이때 만들어졌다.

또 세종 때 이순지 등은 중국과 아라비아의 달력을 참조하여 칠정산이라는 새로운 역법서를 만들었다. 칠정산은 우리나라 역사상 최초로 한양의 경도와 위도를 기준으로 천체 운동을 정확하게 계산한 우리 실정에 맞는 달력이었다.

관천대(서울 종로, 창경궁)
관천대는 조선 시대의 천문 관측대로 1688년(숙종 4)에 만들어졌다. 관천대 위에는 천문 관측 기구인 소간의를 놓고 태양과 별의 움직임을 파악했다.

천문학과 함께 농사짓는데 가장 중요한 날씨를 예측하는 기술도 발달했다. 세종 23년(1441)에 비가 오면 물의 양을 측정하는 측우기를 만들어 한양과 각 도의 군현에 설치했다. 5월 19일은 발명의 날인데, 이는 측우기를 발명한 날을 기념하기 위해 제정한 것이다. 이와 아울러 수표를 제작하여 하천의 물높이를 측정하여 홍수를 예방하고자 했다.

의학 분야에서는 세종 15년(1433) 『향약집성방』이 편찬되었다. 이 책은 우리나라에서 생산되어 일반 백성들이 손쉽게 구할 수 있는 약재와 우리나라 사람의

혼천의 복원(경기 여주, 영릉)

혼천의는 지구를 뜻하는 작은 구를 중심에 두고 주위에 태양과 달이 지나다니는 길을 나타내는 원들과 적도를 연장시킨 원 등을 연결시켜 함께 움직이게 한 천문 관측 기구이다. 혼천의를 통해 예전 사람들은 시간과 날짜, 계절 등을 알 수 있었다고 한다.

해시계(앙부일구)

원을 반으로 자른 반구에 4개의 다리를 둔 형태인 앙부일구는 해의 그림자를 이용하여 시각과 절기를 확인할 수 있게 해주었다. 구체적으로는 세로에는 시각선을 그리고, 가로에는 절기선을 그려 그림자 모습을 보고 시각과 절기를 알 수 있었다.

보루각 자격루(서울 중구)

물시계에 자동으로 시간을 알려주는 장치를 달아 만든 정교한 시계였다.

수표(서울 동대문, 세종대왕기념사업회)

하천의 깊이를 나타내기 위해 세종 때 만들어진 기구를 말한다.

갑인자
1420년에 만든 경자자의 자체가 가늘고 빽빽하여 보기가 어려워지자 좀 더 큰 활자가 필요하다하여 1434년 갑인년에 세종의 명령으로 주조된 동활자이다. 이 활자를 만드는 데 관여한 인물들은 당시의 과학자나 또는 정밀한 천문 기기를 만들었던 기술자였으므로 활자의 모양과 글자의 획이 바르게 만들어졌다.

질병 치료 방법을 체계적으로 정리한 것이다. 『향약집성방』에 이어 세종 27년에는 의학 백과 사전이라 부를 수 있는 『의방유취』가 완성되었다. 세종은 이 두 의학서를 간행하여 널리 보급함으로써 우리나라의 자주적인 의학을 발전시키고자 하였다.

고려 시대 발명된 금속 활자는 조선 시대에 이르러 더욱 개량되었다. 주자소에서 구리로 계미자(태종), 갑인자(세종)를 주조했는데 특히 갑인자는 글자체가 선명하고 아름다워 우리나라 활자체의 으뜸으로 꼽히고 있다. 세종 때에는 인쇄술이 크게 발전하여 종전에 밀랍으로 활자를 고정시키는 방법에서 벗어나 식자판을 조립하는 방법이 창안되어 시간을 절약, 인쇄의 양이 두 배 이상 많아졌다.

조선 초기에는 각종 서적의 편찬 사업이 활발하게 추진되면서

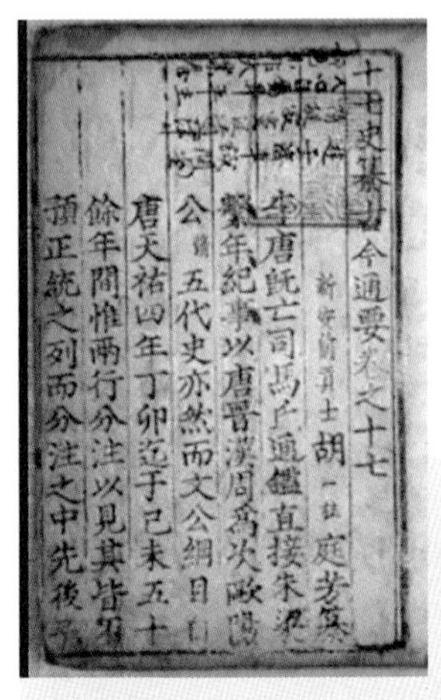
十七史纂古今通要卷之十七
新安貢士 胡一桂 庭芳
唐既亡司馬公通鑑直接宋梁
繫年紀事以唐晉漢周爲次歐陽
公 五代史亦然而文公綱目
唐天祐四年丁卯迄于己未五十
餘年間惟兩行分注以見其皆
預正統之列而分注之中先後

계미자 십칠 사찬 고금통요(서울대학교 규장각 한국학연구원)
계미자는 1403년(태종 3) 주자소에서 만든 동활자다. 태종은 유생들에게 학문을 권장하기 위해서는 책의 인쇄와 보급이 절실하게 생각했다. 이에 그는 고려 말의 서적원 제도를 본받아 주자소를 설치하고, 신하와 임금이 개인적으로 돈을 내놓아 활자 주조에 착수했던 것이다.

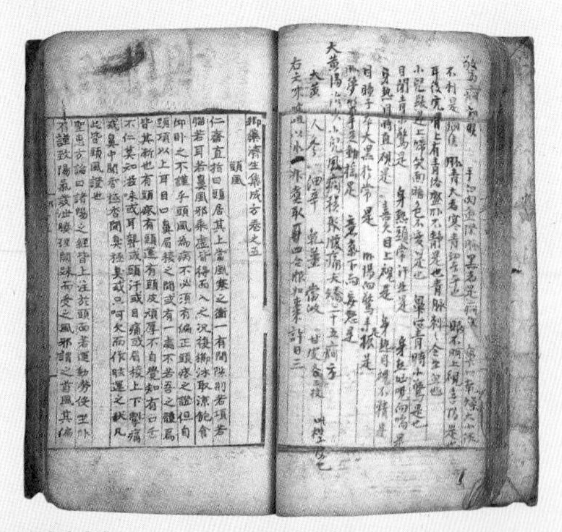

향약집성방
향약은 우리나라의 약재를 뜻하는 말로 중국의 약재인 당약과 비교되어 쓰이던 말이다. 세종은 1431년 값비싼 중국 약재 대신 우리 땅에서 나는 약재로 백성들이 약을 지을 수 있도록 의서를 펴내라 명하였다. 그리하여 1433년 『향약집성방』이 만들어졌다.

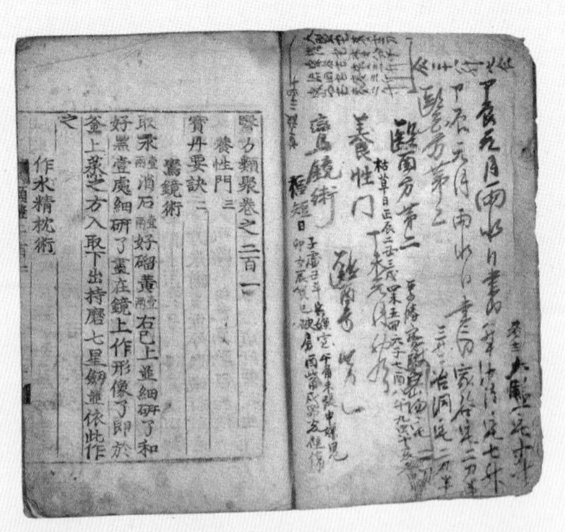

의방유취
1445년 세종의 명에 의해 266권의 책으로 만들어진 의학백과 사전이다. 다양한 병증을 정리하고 그에 맞는 약을 쓰는 방법을 기록하였다. 이때 다양한 중국의 문헌자료를 참고하여 만듦으로써 동양 최대의 의학 백과 사전으로 유명해졌다.

종이를 전문적으로 생산하는 관청인 조지서가 설치되었다. 이에 따라 종이 생산량도 크게 늘어났다. 이를 통해 정부는 많은 서적을 간행할 수 있었다.

화약 무기 기술도 발전하였다. 우리나라 최초로 화약 제조기술을 습득한 최무선의 아들 최해산은 화약 무기 제조에 활약했다. 사정 거리 1천 보에 달하는 화포, 신기전이라는 화살 1백 개를 동시에 발사할 수 있는 화차 등의 무기가 제작되었다. 태종 때에는 거북선이, 세종 때에는 소형 전투선인 비거도선이 만들어져 수군의 전투력이 향상되었다. 이는 임진왜란 때 우리 수군이 일본 수군을 물리칠 수 있는 원동력이 이미 이때 이루어졌음을 보여주는 사례이다.

신기전과 화차(서울대학교 박물관)

더 알아보기

활자 인쇄술의 발달

태종께서 영락 원년(1403)에 좌우 신하에게 이르기를 “무릇 정치는 반드시 전적을 널리 보아야 하거늘, 우리나라에는 해외에 있어 중국의 책이 드물게 건너오고, 판각은 또 쉽게 깎여 없어질 뿐 아니라, 천하의 책을 다 새기기 어렵다. 내가 구리를 부어 활자를 만들어 놓고 필요한 때에 서적을 찍어 내고자 한다. 그것을 널리 전파하면 진실로 무궁한 이익이 될 것이다”라고 하였다. 드디어 고주시서(古註詩書), 좌씨전의 글자를 써서 이를 주조하니, 이것이 쇠 활자를 만들게 된 연유이며 이를 정해자라 하였다. 또 세종께서 주조한 글자가 크고 바르지 못하므로 경자년(1420)에 다시 주조하니 그 모양이 작고 바르게 되었다. 이로 말미암아 인쇄하지 않은 책이 없었다. 이것을 경자자라 했다. 갑인년(1434)에도 또 위선음즐(爲善陰騭)의 글자를 써서 주조하니 경자자에 비하면 조금 크고 자체가 아주 좋았다. … 대개 주자하는 법은 먼저 황양목을 써서 글자를 새기고, 바닷가 갯벌의 부드러운 진흙을 평평하게 인판에다 폈다가 목각(木刻)자를 진흙 속에 인착하면 찍힌 곳이 움푹 들어가서 활자가 되니, 이때에 두 인판을 합하고 녹은 구리를 한 구멍으로 쏟아 부어 글자가 되면 이를 깎고 또 깎아서 정제한다. 나무에 새기는 사람을 각자(刻字)라 하고, 주조하는 사람을 주장(鑄匠)이라 한다.

『대동야승』 권2, 『용재총화』7

04

왜란에 이어 호란을 극복하다

부산진 순절도(육군박물관)
임진왜란의 시작을 알린 부산진 전투가 벌어졌던 모습을 그린 그림이다. 숙종 때 그려진 그림을 영조 때 화가 변박이 다시 그린 것이다. 병사 수가 적음에도 불구하고 부산진첨절제사 정발과 부산진성 군민들은 끝까지 싸웠으나 결국 대부분이 목숨을 잃게 되었다.

1. 사대교린의 외교 정책을 펼치다

1) 명과 실리 외교 관계를 펼치다

조선은 성리학을 통치 이념으로 삼아 국가 체제를 정비하면서 대외적으로는 '사대교린(事大交隣)'이라는 정책을 추진했다. 조선은 명나라와의 관계를 중시하여 큰 것을 섬긴다는 사대 정책을 표방하였던 것이다. 당시 명나라는 동북아시아의 최강국으로서 주변 국가들과 책봉과 조공의 형식을 빌려 국제 질서를 유지했다. 조선도 명의 현실적인 지위를 인정하는 가운데 상황에 따라 외교 관계를 달리하였다.

태조 때에는 명나라와의 관계가 악화되어 정도전을 중심으로 요동 정벌을 추진하기도 했다. 왕자의 난(1398년)을 통해 개국 공신의 일부를 제거하고 집권한 이방원(태종)은 요동 정벌의 계획을 중단함으로써 명과의 관계를 개선하였다. 조선은 비록 명나라와 사대 관계를 맺었으나 명의 내정 간섭은 없었다. 두 나라는 해마다 정기적 또는 부정기적으로 사신을 교환했으며 이 때 경제적·문화적 교류가 이루어졌다.

더 알아보기

조선 정부의 외교 정책 - 대명 정책

명나라와 조선은 매년 정기 사절과 부정기 사절이 오가면서 교류가 이루어졌다. 사절 교환의 목적은 기본적으로 정치적인 것이었지만, 이를 통하여 중국의 앞선 문화의 수입과 물품의 교역이 이루어졌다. 이러한 사절을 통한 교류는 조선의 왕권 안정과 국제적 지위 확보를 위한 자주적인 실리 외교였다. 이러한 사대 정책은 명나라에 대해 조공하는 절차로 이어졌다. 조공은 사대하는 명나라에 예물로 우리나라 토산품을 바치고 조공을 받은 명나라는 답례품을 주었는데, 이것은 일종에 국가 간 관무역 형태였다.

조선은 정기적으로 정조사(신년 축하), 성절사(황제 생일), 천추사(황후 생일), 동지사(연말 축하) 등 1년에 4번 사절을 보냈다. 또 수시로 사은사, 주청사(임시로 청할 일이 있을 때), 진하사(중국에 경사가 있을 때), 진향사(중국 왕실에 흉사가 있을 때), 변무사(중국의 오해를 변명하기 위해) 등을 임시 사절로 보냈으며, 양국 사절로 인해 사무역이 생기도 하였다. 명나라와의 이러한 교역을 통해 발전된 문물이 들어왔고 이로 인해 문화가 향상되기도 하였다. 당시 오고간 조공품은 인삼·말·금·은·모피·저포·화문석·나전 칠기 등 이었고, 답례품은 비단·자기·약재·예복·서적·악기·보석·문방구 등이었다.

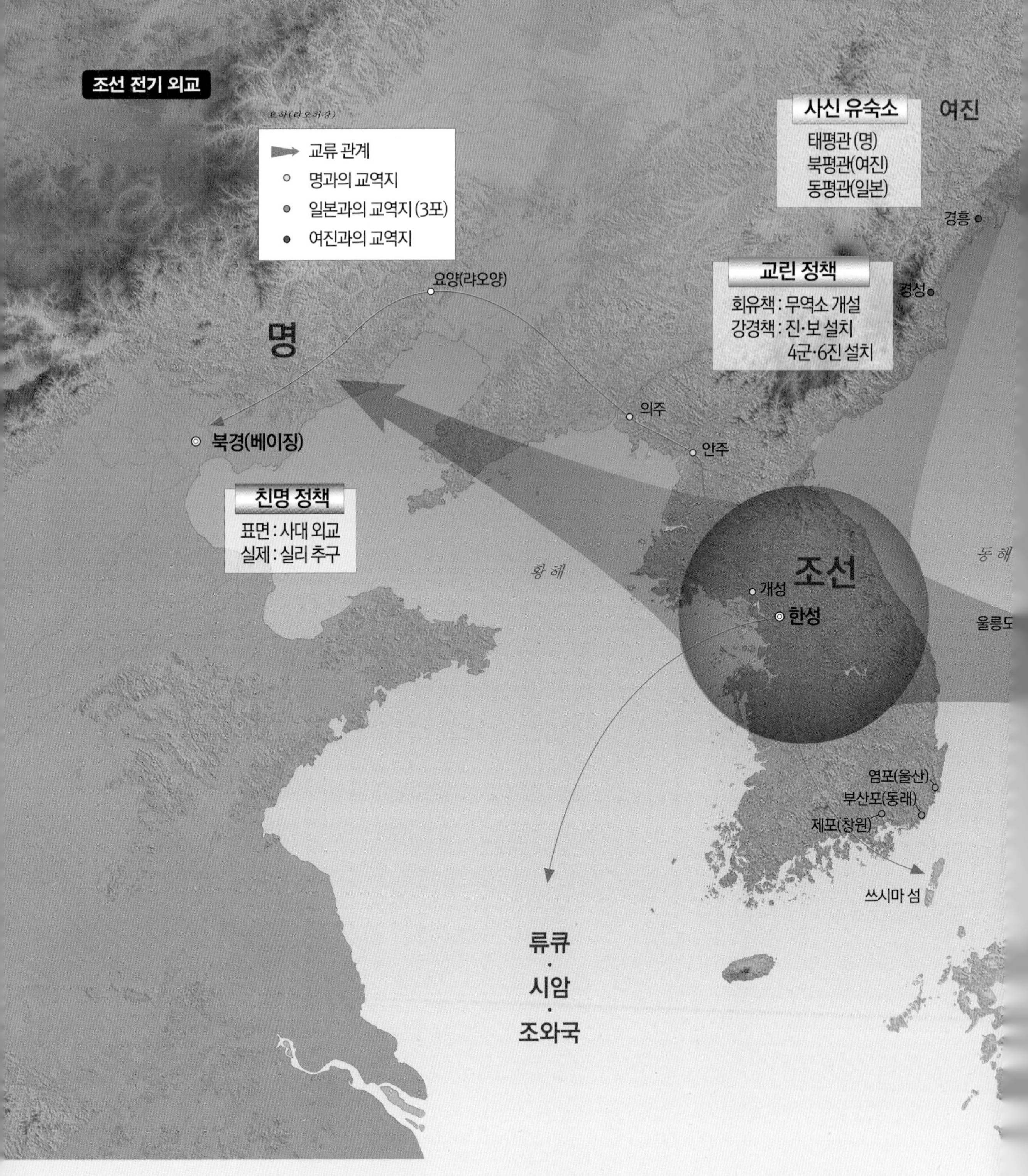

조공과 답례의 형식으로 조선과 명 사이에 무역이 이루어졌다. 조선은 명에 금·은·인삼·종이·붓·화문석·나전 칠기·말 등을 수출했고, 명으로부터는 서적·비단·자기·약재·문방구·예복 등을 수입했다.

이와 같이 조선은 동북아시아의 국제 질서 체제인 책봉과 조공의 관

계 속에서 사대 정책을 추진하였다. 조선의 이러한 외교 정책은 왕권의 안정과 국제적 지위를 확보하려는 자주적인 실리 외교라고 볼 수 있다. 아울러 선진 문물을 적극적으로 수용하려는 문화 외교인 동시에 일종의 공무역이었다.

2) 여진·일본·동남아시아와 교린 관계를 유지하다

조선은 여진과 일본을 비롯하여 동남아시아의 류큐(오키나와), 시암(태국), 조와국(인도네시아) 등의 국가와 외교 관계를 맺고 있었는데, 이를 '교린 정책'이라 한다.

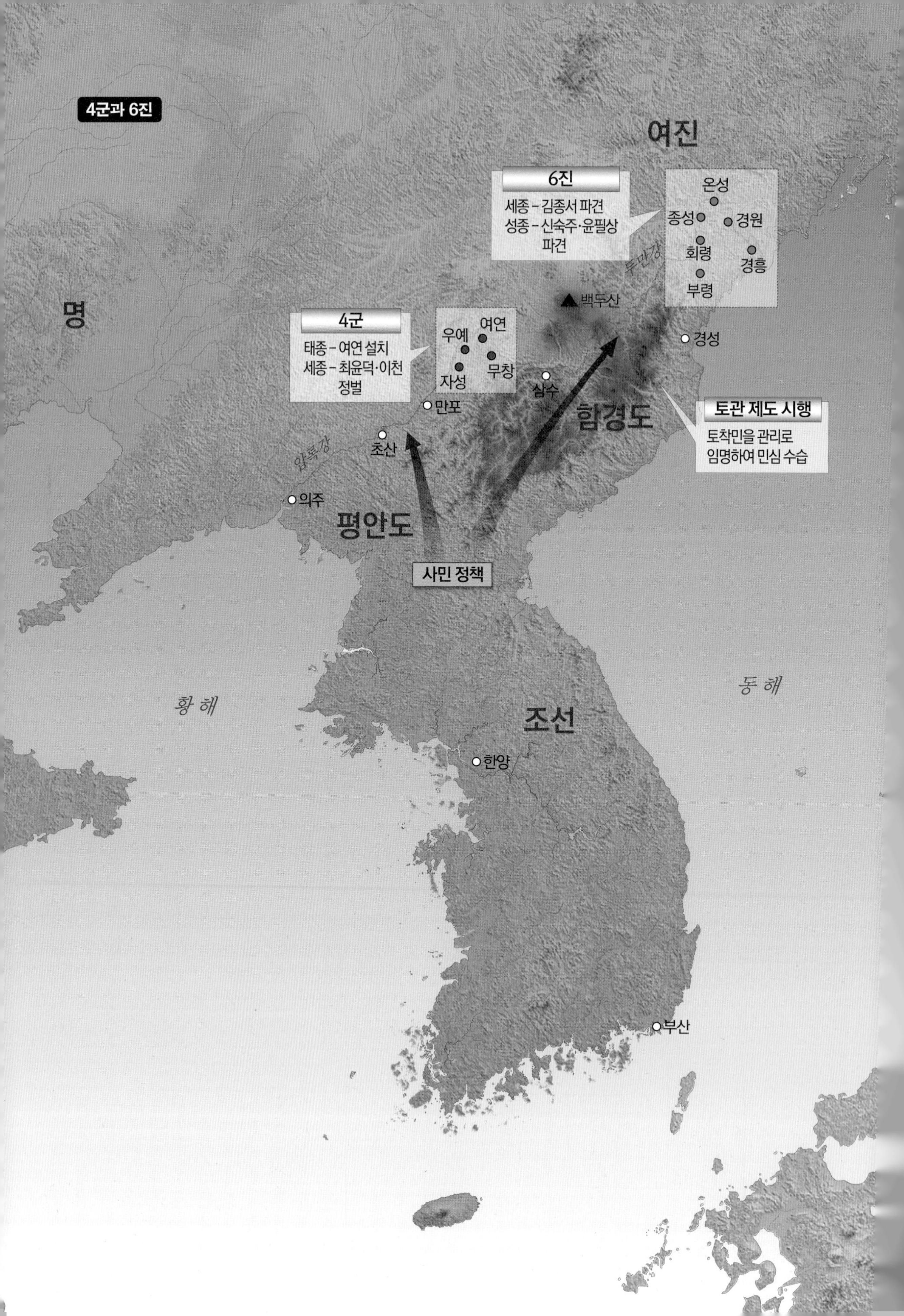

4군과 6진

여진

6진

세종 – 김종서 파견
성종 – 신숙주·윤필상 파견

온성
종성
경원
회령
경흥
부령

두만강

백두산

명

4군

태종 – 여연 설치
세종 – 최윤덕·이천 정벌

우예
여연
자성
무창

경성

삼수

만포

함경도

토관 제도 시행

토착민을 관리로 임명하여 민심 수습

압록강

초산

의주

평안도

사민 정책

황해

동해

조선

한양

부산

조선은 가장 가까운 북쪽에 있는 여진에 대해서 회유와 토벌의 양면 정책을 펼쳤다. 세종은 태종의 두만강 지역 개척 사업을 이어받고 더 나아가 세종 15년(1433) 최윤덕을 보내 압록강 부근에 있던 여진족을 토벌하고 4군을 설치했다. 이어 세종 19년에는 김종서로 하여금 함경도 일대에 거주하고 있던 여진족을 만주쪽으로 몰아내고 두만강 유역에 6진을 설치했다.

4군와 6진의 개척으로 우리나라의 국경은 지금의 압록강과 두만강을 잇는 선으로 넓혀졌다. 4군과 6진의 설치로 영토가 넓혀지자 충청도와 전라도, 경상도의 삼남 지방에 살던 주민의 일부를 이곳으로 이주시켰다. 이를 '사민 정책'이라 한다. 사민 정책의 실시로 압록강과 두만강 이남 지역을 개발하는 한편, 그곳의 토착민을 토관(土官)으로 임명하여 현지 주민의 민심을 수습하려고 했다.

4군과 6진의 개척
세종 때 차지한 4군 6진을 안정시키기 위해 조선 정부에서는 사민 정책이라 하여 남쪽 지역의 백성들을 이들 지역으로 이주시켰다. 이후 함경도 지방에 가고자 하는 관리가 없자 조선 정부에서는 이 지역 출신의 관리를 지방관으로 임명했다. 이는 고려 때의 사심관 제도와 비슷했다.

여진에 대한 회유책으로는 여진족의 귀화를 장려하여 정착할 집과 토지를 주거나 관직을 주어 조선에 동화하도록 하였다. 또한 한양에 북평관을 설치하여 여진 사신의 숙소로 제공하였다. 국경 지역인 경원과 경성 등에는 무역소를 두어 무역을 허용했다. 조선은 여진에 식량, 의류, 농기구 등의 생활필수품을 수출하였고, 말과 곰·호랑이·담비 가죽을 수입하였다.

조선 정부는 일본에 대해서도 여진족과 비슷하게 도움을 주다가도 침입해 오면 강하게 응징하는 식으로 대했다. 조선 초에도 왜구들이 약탈을 일삼자 태조 때 김사형, 세종 때 이종무 등을 보내 그들의 본거지인 쓰시마섬을 정벌하였다.

하지만 세종은 세종 8년(1426) 쓰시마 도주가 단절된 조선과의 교류를 여러차례 청하자 그들에 대한 유화책으로 부산포(부산)·제포(창원)·염포(울산)의 3곳에 항구를 열어주었다. 이에

더 알아보기

쓰시마 섬 정벌

첫 번째 정벌은 고려 창왕 1년(1389)에 박위에 의해 이루어졌다. 이후 태조 5년(1396)에 왜구가 120척으로 경상도를 약탈하자 왜국에 대한 소탕과 변경 방어 차원에서 김사형을 5도병마도통처치사로 임명하여 쓰시마섬을 정벌했다. 그러다가 세종 1년(1419년)에 왜선 39척이 명나라에 가던 도중 비인현(충청도 서천)을 약탈하자 이종무를 3군도체찰사에 임명하여 쓰시마섬을 정벌했다. 이때 동원된 병선이 227척, 군사 1만 7천여 명이었다고 한다. 정벌 때 1천 9백여 가옥을 불태웠고, 129척의 선박을 노획하였다는 기록이 있다.

따라 일본인들이 3포에 거주하며 무역할 수 있게 되었다. 일본의 쓰시마 도주와 같은 영주들은 조선 정부에 은·구리·유황·약재와 같은 진상품을 가져오기도 했다. 조선에서는 그에 대한 답례로 옷감·쌀·인삼·책 등을 주곤 했었다.

1433년에는 쓰시마 도주와 계해약조를 맺어 삼포에서 거래되는 미곡과 면포 등의 수출에 의한 피해를 줄이기 위해 연간 50척의 세견선을 파견할 수 있게 하였다. 이어 쓰시마 도주의 증명서가 있어야 입항할 수 있게 하였다.

이밖에도 류큐 왕국과 섬라곡국, 조와국과 같은 나라의 사신이 조선에 찾아왔다. 류큐 왕국은 오늘날의 오키나와 섬에 있던 나라였는데, 일본과는 독립된 나라였다. 류큐 왕국에서는 조선에 약재와 코끼리 이빨을 뜻하는 상아 등을 가져왔었다. 이에 조선은 불경·유교 경전·동종·부채 등을 주었다. 섬라곡국은 오늘날의 타이를 뜻하고, 조와국은 인도네시아 자와에 있던 나라인데, 그 먼 곳에서도 조선에 사신을 보냈다. 조선은 사대 교린 정책을 통해 건국 후 2백여 년 간 다른 나라와 큰 전쟁 없이 평화를 유지해 나갔다.

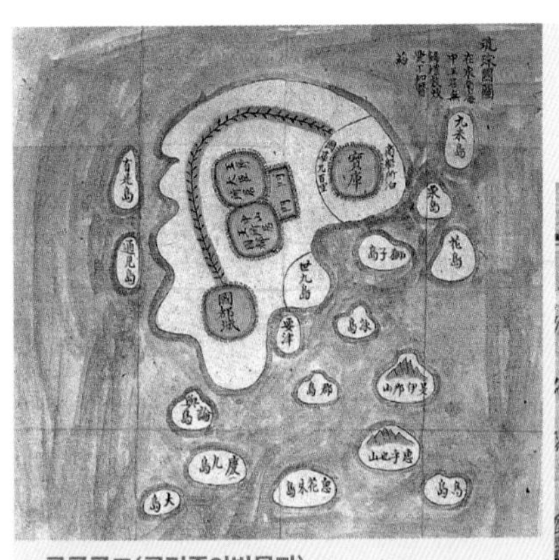

류큐국도(국립중앙박물관)
휴대용 지도첩에 수록된 류큐 왕국의 지도이다.

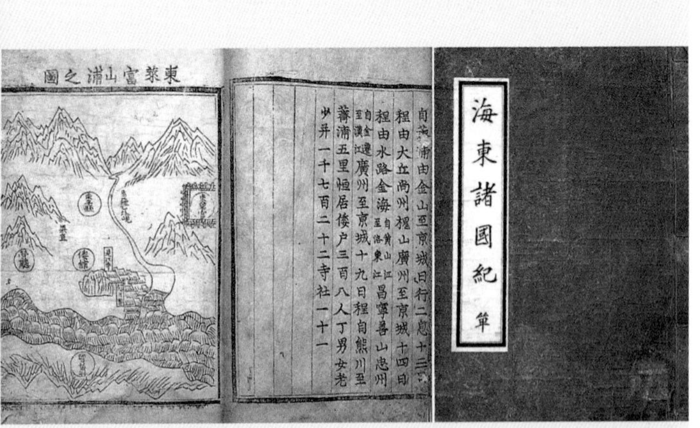

『해동제국기』(국사편찬위원회)
1471년(성종 2) 신숙주가 일본의 지형, 정치 상황, 사신이 오고간 내력 등을 기록하여 펴낸 책이다.

2. 임진왜란, 동북아 정세를 바꾸다

1) 200여 년 간의 평화로 여러 사회 문제가 나타나다

조선은 2백여 년 간의 긴 시간 동안 평화가 지속되면서 국방이 점차 느슨해져 갔다. 조선은 원래 16~60세까지 번갈아 가며 일정기간 한성이나 국경에서 군인으로 근무하는 군역 제도가 있었으나 15세기 말 군인노릇을 해주고 그 대가로 면포를 받는 대립제와 군대의 장수가 군인을 내보내 주면서 대신 면포를 받는 방군수포제가 일반화되면서 국방체제가 약화되었다. 이처럼 군역은 본인이 감당하는 방식에서 면포를 대가로 바치는 방식으로 변하였다.

특히, 방군수포제가 실시되면서 양인들의 세금 부담이 늘어나 삶이 어려워졌다. 또 군대에 가는 것을 피하려는 풍조가 생기면서 조선의 국방력은 더욱 약해지게 됐다.

한편, 조선의 방어전략인 진관 체제는 세조 때 만들어졌다. 조선의 병사들은 대부분 농민으로, 농사를 짓다 자기 차례가 되면 한양 주위나 군대의 진지에 가서 훈련을 받고 나라를 지키던 사람들이었다.

진관 체제는 정부에서 명령이 내려오면 각 지방의 거진이라는 곳에 주변 지역에 사는 장정들을 모이게 한 다음, 이들을 주변 지역을 지키게 하는 것이다. 한데 이 방법은 사실 문제가 많았다. 일단 병사들이 모이는 데 시간이 많이 걸렸을 뿐만 아니라 다시 방어지역으로 분산되는 과정에서 적에게 군사상 중요한 지역을 빼앗기게 될 수 있다는 약점이 있었다. 또한 대규모의 적군이 쳐들어오게 되면 각 진으로 흩어진 병사들로는 막아내기가 어려웠다.

조선 정부에서도 이러한 문제점을 파악하고 있었다. 그래서 진관 체제의 문제를 극복하기 위해 16세기 즈음하여 '제승방략 체제'라는 새로운 전략을 만들었다. 이 전략은 전쟁이 나면 주위 지역의 모든 병사를 한 지역으로 모이도록 한 후에 중앙에서 파견한 지휘관이 모인 병사를 지휘하여 적과 싸우는 방법이다.

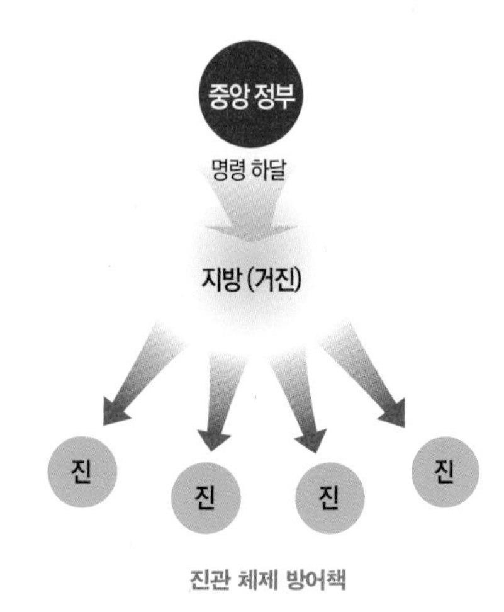

진관 체제 방어책

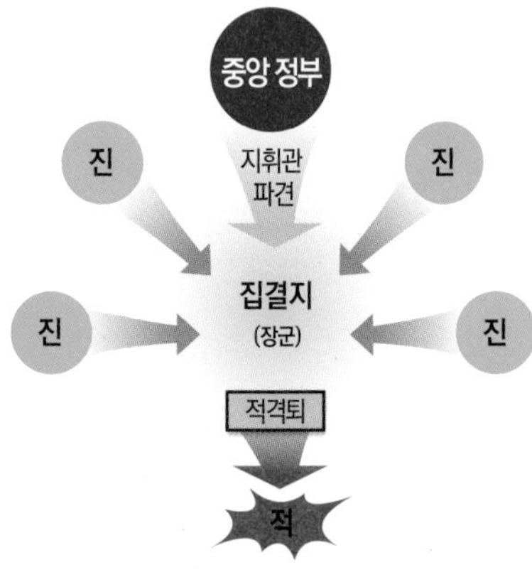

제승방략 체제 방어책

이러한 제승방략 체제는 집결지에 모인 많은 병사를 중앙에서 보낸 능력있는 지휘관이 지휘할 수 있다는 장점이 있었다. 하지만 모인 군대가 전쟁에서 지게 되면 후방을 막아줄 군대가 없다는 게 큰 약점이었다. 임진왜란 때 조선은 제승방략 체제로 일본에 맞섰는데, 이 전략은 큰 실패를 거두게 됐다.

이렇게 조선의 국방력과 방어 전략에 문제점이 있었지만 점차 나라 밖에서 전쟁의 위협이 다가오고 있었다. 일본에서는 1백여 년 간의 나라 안의 다툼이 끝나고 도요토미 히데요시(풍신수길)가 통일을 이루어냈다. 일본은 오랜 내전 기간 동안 전쟁 경험이 풍부한 군인들이 생겨났고, 또 포르투갈과 스페인의 무역선을 통해 조총을 수입하여 강력한 무기를 갖추어 나갔다.

도요토미 히데요시는 일본을 통일한 후 일자리를 잃은 군인들의 불만을 없애고, 나라의 힘을 하나로 모으기 위해 명나라 침략을 계획했다. 그 시작이 바로 일본에서 대륙으로 나아가는 길목인 길목인 조선을 침략하는 일이었다. 도요토미 히데요시는 '정명가도(征明假道)'라 하여 '명을 정벌하러 가니 조선은 길을 빌려달라'라 하였다. 그는 쓰시마 도주를 보내 4년 동안 조선의 협조를 구했으나 명나라를 섬기는 조선이 이런 요구를 들어 줄 수 없는 것은 자명한 일이었다.

조총(전쟁기념관)
선조 때 처음으로 일본에서 소개되어 만들어졌다. 효종 때에는 네덜란드인인 하멜 일행을 훈련도감에 소속시켜 만들기도 했다. 이후 조선 조총은 청나라에도 알려져 나선정벌 때 조총병이 파견되기도 했다.

2) 전쟁이 시작되다[임진왜란]

선조가 조선을 다스린 지 25년이 되던 1592년 4월 13일, 엄청난 수의 일본군이 끝이 안보이는 수많은 배를 타고 바다를 건너 부산 앞바다에 상륙했다. 이렇게 7년 간의 긴 전쟁이 시작되었다. 일본군은 부산진과 동래부를 공격하여 성을 함락시키고, 한양을 향해 세 갈래로 길을 나누어 진격해 왔다. 당황한 조선 정부는 제승방략 체제로 경상도 지역의 병사들을 모아 일본에 맞서려 했지만, 일본군의 빠른 진격 때문에 실패를 거두게 됐다.

부산과 동래를 함락하고 파죽지세로 한양을 향해 밀고 올라오는 일본군에 맞서기 위해 선조는 류성룡을 도체찰사로 삼고 그의 추천으로 당시 최고의 명장이라 불리던 신립을 선봉장으로 삼았다. 그는 한양에 있던 군사들과 급하게 모은 병사들을 데리고 일본군의 진로를 막고자 했다. 신립은 일본군을 막기 위해 충주 남한강가의 탄금대에서 적을 맞기로 했다.

도요토미 히데요시

오사카성(일본 오사카)

도요토미 히데요시가 지은 성으로 현재 모습은 1931년에 복원된 것이다.

일본군 진격로
당시 일본군은 15만 8700명 정도로 그 선봉장은 고니시, 가토, 구로다 등 3명의 장수가 중심이 되어 예전에 일본 사신이 오가던 길을 따라 3갈래로 나누어 북상했다. 한편 수군은 곡창지대인 전라도와 충청도 해안으로 갈 생각이었으나 전라도에서 이순신에 의해 저지되었다.

그는 여기서 배수진을 치고 일본군과 싸웠으나 숫자의 열세로 패배하고 말았다. 이러한 전술은 무모하게 보이기도 하지만, 기병이 앞섰던 조선 군사들이 죽기를 각오하고 싸우기에는 적합한 전술이었다. 하지만 돌격하는 신립의 군사들을 향해 일본군이 조총을 효과적으로 사용하면서 조선군은 전멸하였고 신립은 탄금대에서 강으로 투신하여 최후를 마쳤다.

동래부 순절도(육군박물관)
부산진이 함락된 후 일본군이 동래성으로 쳐들어오자 이에 맞서 싸웠던 동래부사 송상현과 동래성 군민들의 모습을 그린 그림이다. 이 그림은 숙종 때 처음 그려졌다 영조 때 변박에 의해 다시 그려졌는데, 끝까지 일본에 맞서 싸운 송상현과 군민들의 모습과 북문으로 탈출하는 일부 조선군 장군과 군사들의 모습이 잘 대비되어 그려져있다.

신립이 전투에서 졌다는 소식을 들은 선조는 한양을 버리고 북쪽으로 피란을 떠났다. 결국 개전 18일만에 한성은 함락당했다. 선조가 도성을 버리자 이에 분노한 백성들은 경복궁과 창경궁 등 궁궐에 불을 지르고 노비문서를 없앴다. 이후 평양성도 함락되자 선조는 다시 의주로 피란하였다.

신립 장군 순국 터(충북 충주)
탄금대에 있다.

이러한 위기 상황 속에 육지에서는 의병이 조직되었다. 당시 일본군은 빠르게 진격하면서 군사적 요충지에만 군대를 주둔시켰기 때문에 다른 지역에서는 일본군의 세력이 미치지 못하였다. 의병은 나라가 어려울 때 스스로 나라를 지키기 위해 백성들이 만든 군대로 양반에서 농민, 노비에 이르기까지 다양한 계층으로 구성되었다. 의병장은 전직 관리, 유생, 승려들이 주로 맡았다.

의병의 가장 큰 강점은 자기 지역의 지리와 사정을 잘 안다는 거였다. 의병들은 유리한 지형을 이용하여 일본군에게 지속적으로 피해를 입혔다.

유명한 의병장으로는 임진왜란 때 최초로 의병을 일으킨 곽재우와 고경명·조헌 등이 있었다. 곽재우는 유생으로 1592년 4월 의병을 일으켜 경상우도에서 많은 활약을 했다. 그는 붉은 옷과 백마를 타고 다녀 스스로를 하늘에서 내려온 붉은 옷을 입은 장군(홍의장군)이라 했다.

임진왜란 당시 일본군 출발지(일본 나고야 포구)

고경명은 호남에서 의병을 일으켜 일본군과 금산에서 맞섰으나 결국 전사하였다. 조헌은 충청도 옥천에서 봉기하여, 승려 영규와 700의사와 함께 금산에서 싸웠으나 패하여 전사했다.

산속에서 수도에 전념하던 많은 승려도 의병에 참여했는데, 이들을 승군이라고 불렀다. 승군으로 휴정과 그의 제자 유정이 명성을 날렸다.

휴정(1520년~1604년)은 의주로 피란간 선조의 명을 받고 전국의 승려들이 나라를 구할 수 있게 하기 위해 노력을 했다. 그의 제자 처영은 권율 장군 아래에서 전투를 했다. 서산대사로 불린 휴정은 명나라 군사와 함께 평양성 탈환에 공을 세웠다.

유정은 사명당이라 불리기도 하였는데, 휴정의 격문을 받고 승병을 모아 많은 공을 세웠다. 그는 전쟁이 끝난 후에도 일본으로 건너가 임진왜

현고수(懸鼓樹)
의병장 곽재우(1552년~1617년)의 생가이다. 마을 입구에는 곽재우가 느티나무에 큰 북을 매달고 치면서 전국 최초로 의병을 모아 훈련시켰다고 하는 '의령 세간리 현고수'가 있다.

곽재우 생가(경남 의령)

란 때 잡혀간 3천명의 조선인들을 고국으로 데리고 오기도하였다.

의병의 활약과 함께 조선의 전세를 역전시킨 최고의 영웅은 바로 충무공 이순신 장군이었다. 이순신은 장차 일본군의 침략이 있으리라 내다보고 미리 전쟁에 대비했다. 이순신은 강력한 철갑선인 거북선을 제작했고, 일본배보다 더 튼튼한 판옥선을 이끌고 옥포, 사천과 당포, 한산도 앞바다, 부산 등지에서 벌어진 전투에서 계속해서 큰 승리를 거두었다.

특히 한산도에서는 견내량에 머물던 일본배들을 한산도 앞바다로 유인하여 싸웠다. 이때 이순신은 학익진, 즉 학의 날개 모양의 진형으로

서산 대사 휴정
임진왜란 때 승군을 이끌고 일본에게 점령당했던 한양을 되찾는데 활약하였던 승려이다.

사명당 유정
49세의 나이에 임진왜란이 일어나자 승군을 이끌고 참전한 유정은 일본군과의 전투뿐만 아니라 전쟁 기간과 그 이후 일본과의 외교에서도 활약하였다. 1604년에 선조의 명에 따라 일본에 간 유정은 협상을 통해 포로로 끌려갔던 3천명의 조선 백성들을 구출해왔다.

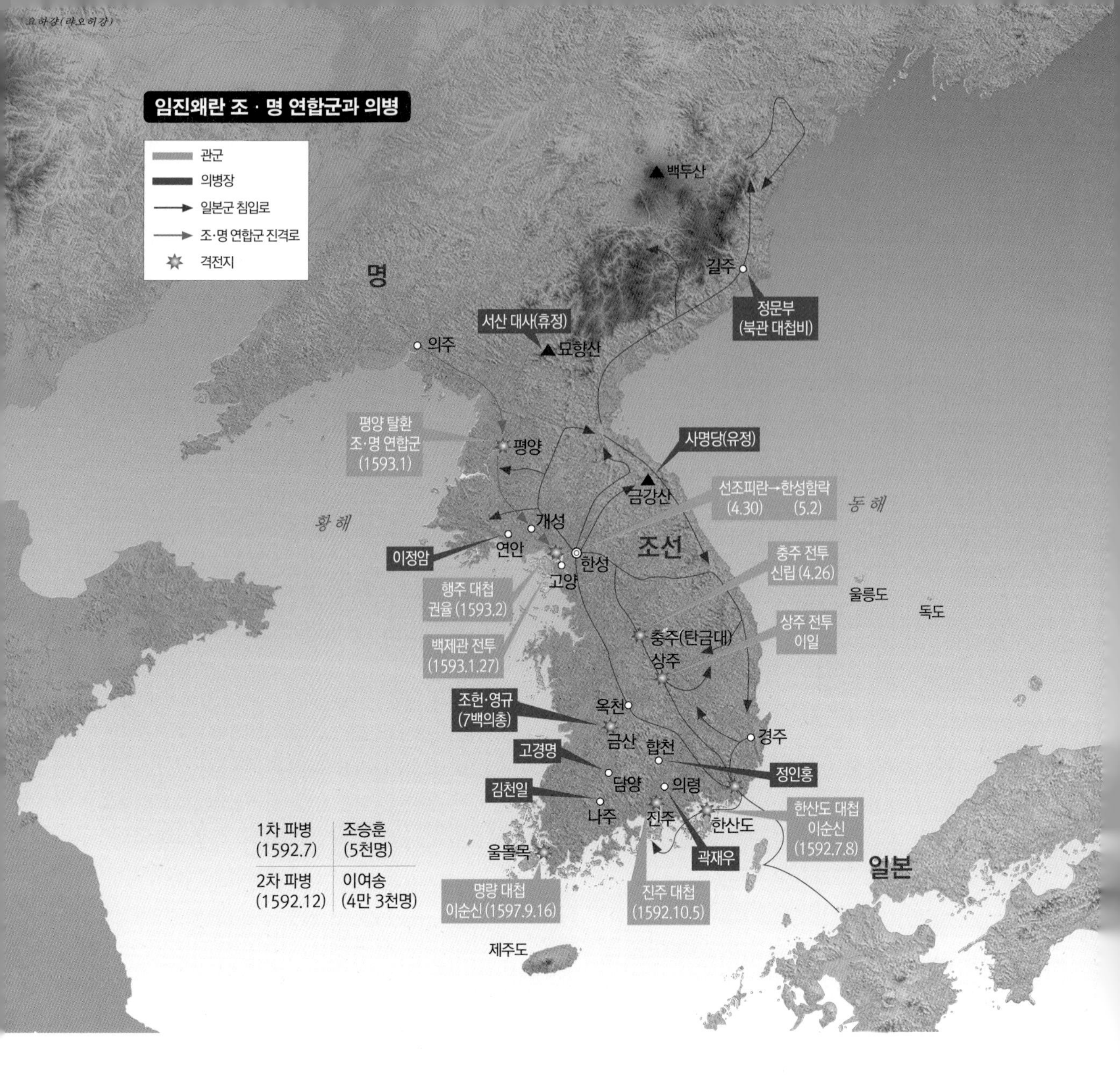

일본군을 공격하여 큰 승리를 거두었다. 이순신의 뛰어난 전략과 부하들의 용맹성에 화포를 이용한 조선의 우수한 화약 무기들이 더해져 조선 수군은 연전연승을 거두어 나갔다.

한편, 전쟁 중 일본군을 피해 명나라 국경에 가까운 의주까지 피란간 선조는 명나라에 도움을 요청했다. 전쟁 초기에는 관망하던 명은 일본군의 침략이 조선을 넘어서 중국으로 확전될 것을 우려하여 송응창과 이여송을 앞세운 명군 4만 3천여 명을 조선에 파병했다. 명군은 조선군과 협력하여 평양성을 되찾는데 성공하였다. 조·명 연합군의 반격에 밀

린 일본군은 명나라와 휴전 협상을 하면서 시간을 벌려고 했다. 일본은 조선의 8도 중 4도를 달라는 무리한 요구조건을 내세웠고, 이는 결코 받아들여질 수 없는 요구였다. 결국 시간을 벌어 군대를 정비한 일본이 1597년 다시 부산으로 침략해오면서 전쟁이 계속 됐다. 이를 '정유재란'이라고 한다.

일본은 바다에서 이순신에 맞서 이길 수 없음을 깨닫고 이순신을 제거하기 위해 첩자를 통해 이순신이 일본과 내통한다는 누명을 씌웠다. 결국 이순신은 오늘날의 해군 총사령관인 수군통제사에서 쫓겨나 한양으로 압송되어 모진 고문을 당하였다.

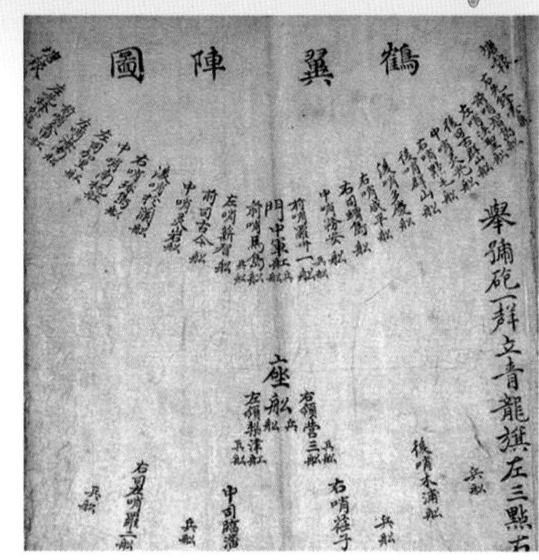

학익진 전법

학이 날개를 펴고 나는 모양으로 적을 둘러싸서 공격하는 것으로 이순신이 이 전법을 이용해 한산도 대첩을 이끌었다.

이순신의 후임으로 일본군에 맞선 원균은 일본 수군에게 패배를 당했다. 상황이 이렇게 되자 조정에서는 백의종군하던 이순신을 다시 등용하여 일본군을 막고자 하였다. 원균이 패배하고 남은 배가 고작 13척이었음에도 그는 일본군에 다시 맞서 싸웠다. 그 결과 133척의 일본 수군을 물리치고 대승을 거두었다. 그게 바로 '명량 대첩(1597년 9월 16일)'이다.

더 알아보기

임진왜란의 국제적 영향

임진왜란은 국제적으로도 많은 영향을 주었다. 우선 전쟁이 끝나자 명나라는 급속히 국력이 약해지기 시작하여 이자성의 반란을 계기로 멸망했다. 또 일본에서도 도요토미 대신 도쿠가와[德川] 막부가 들어서게 된다. 일본은 조선 침략의 결과로 조선으로부터 금속 활자에 의한 인쇄술을 처음으로 도입하였고, 포로로 잡아간 도자기 기술자에 의해 요업이 발달하게 됐다. 그리고 전쟁 때 약탈해 간 많은 서적과 납치해 간 유학자들에 의해 성리학이 발달하게 됐다.

일본은 1598년 11월 토요토미 히데요시가 죽자 철수하려고 했다. 이 소식을 접하게 된 이순신은 명의 수군 도독 진린과 함께 노량에서 싸워 왜군을 무찔렀다. 나머지 패한 배들이 달아나자 이를 추격하던 이순신은 적의 총탄에 맞아 숨지고 말았다(1598년 11월 19일). 숨지는 순간까지도 이순신은 "나의 죽음을 알리지 마라"라는 유언을 남기며, 조선 수군의 승리를 이끌어 냈다.

이순신의 활약과 의병들의 노력, 그리고 명나라의 도움에 힘입어 조선은 일본과의 7년 전쟁을 승리로 이끌었다. 하지만 오랜 전쟁으로 인해 조선의 국토는 황폐해졌고, 수많은 백성이 죽거나 다치고 일본으로 포로로 끌려가게 됐다. 또한 전쟁이 끝난 후 세금을 걷기 위해 만든 장부들이 불에 타면서 세금이 잘 걷히지 못했고, 국가 기강 또한 흔들렸다. 이러한 문제들은 계속해서 근심거리가 됐다.

명량 해협 울돌목(전남 해남)

울돌목은 전라도 진도와 해남 사이에 바닷길이 급하게 좁아지면서 물이 빠르게 흐르는 곳이다. 이순신은 울돌목의 지형을 이용해서 명량 해전을 승리로 이끌었다. 이를 명량 대첩이라 한다.

판옥선

조선 명종 때 개발된 조선 수군의 대표적인 전선이다. 1층에는 노 젓는 노꾼들이 탔고, 2층에는 전투하는 병사들이 탑승했다.

『난중일기』

임진왜란의 영웅 이순신이 1592년 1월 1일부터 1598년 11월 17일까지 7년 간의 군중 생활을 직접 기록한 친필 일기이다. 1595년의 을미일기를 뺀 총 7책이 보존되어 전해오고 있다. 비록 개인의 일기 형식의 기록이지만, 전쟁 기간 중 해군의 최고 지휘관이 직접 매일 매일의 전투 상황과 개인적 소감을 현장감 있게 다루었다는 점에서 역사적으로나 세계사적으로 유례를 찾을 수 없는 기록물이다. 2013년 유네스코 세계 기록 유산으로 등재됐다.

명량 대첩 기념탑(전남 해남)

한산도 제승당(경남 통영)

이순신의 수군 사령부가 있던 곳으로 장수들과 작전 계획을 하여 왜적을 격파하고 적의 해상보급로를 차단하였다.

3. 두 차례 침략을 겪다

만주족
만주족은 고구려·발해 때 말갈족, 고려·조선 초에 여진족이라 불리웠다. 이들은 고려 때 금나라를 세웠고, 조선 후기에는 청나라를 세워 중국을 통치했다.

17세기 초 누르하치가 여러 부족으로 분열해있던 만주족을 통일하여 '후금(後金)'이란 나라를 세웠다(1616년). 누르하치는 강력한 군대를 만들어서 점차 약해져 가던 명나라를 공격하여 넓고 풍요로운 중국을 차지하려고 했다.

후금의 침략으로 위기에 처한 명나라는 조선에게 임진왜란 때 도와주었던 은혜를 갚으라며 후금의 강력한 기마병을 무찌를 조총병들을 보내달라고 했다. 조선은 유교에서 강조하는 '의리'와 큰 나라를 섬기는 '사대'를 중시하였다. 그리하여 많은 신하와 양반들은 명나라를 도와주어야 한다고 주장했다.

논쟁 끝에 광해군은 강홍립에게 1만 3천여 명의 군사를 이끌고 명나라를 도와주러 가게 하였다. 하지만 명과 조선의 연합군은 후금 군대에게 크게 패하고 말았다. 이때 강홍립은 후금 진영에 밀사를 보내 조선이 후금에 원한이 없으며, 명나라의 요구 때문에 어쩔 수 없이 전쟁에 참여했음을 알리고 투항했다.

광해군 묘(경기 남양주)
선조에 이어 왕위에 오른 광해군은 북방의 강력한 군사력을 자랑했던 후금과 전쟁을 피하고자 노력했다. 그 과정에서 신하들의 불만을 사게 되어 왕위에서 쫓겨났다. 이후 제주도로 유배되어 살던 광해군은 그곳에서 사망한 뒤 지금의 자리로 그 묘를 썼다.

후금과 명나라 간의 싸움은 점차 후금에 유리하게 진행되었다. 이에 광해군은 후금과의 관계가 더 이상 나빠지게 않게 하고자 노력했다. 광해군은 명과 후금 사이에서 중립을 지키려고 했던 것이다. 그러던 중 광해군은 친형 임해군과 아우 영창대군을 죽이고 인목대비를 가두는 일을 벌였다. 이에 서인 세력이 '반명부금'과 '살제폐모'를 명분으로 삼아 광해군과 집권 북인 세력을 몰아내는 정변을 일으켰다. 이를 인조반정(1623년)이라 한다.

정권을 잡은 서인들은 예전부터 주장해온 대로 명나라를 돕고, 후금을 배척할 것을 주장했다. 조선이 후금을 멀리하자 누르하치의 뒤를 이은 홍타이지는 명나라와의 전쟁 중 배후에 있는 조선에게 습격당하지 않기 위해 조선을 침략해 왔다. 후금의 군대는 1만 3천 여 명이었는데, 그들은 광해군의 원수를 갚겠다는 핑계를 대며 쳐들어왔다.

조선군은 후금의 군대에 맞서 싸웠지만 이기지 못했고, 인조는 결국 강화도로 피란을 갔다. 바다에서 싸워본 적이 없던 후금 군대는 사신을 강화도에 보내와, 명나라와의 관계를 끊을 것과 왕자를 인질로 보낼 것을 요구했다. 조선이 이를 받아들이자 후금 군대는 자기 나라로 돌아갔

세검정(서울 종로)
서울 종로 인근에 세워진 조선 후기의 정자이다. 인조반정 때 반정을 일으키려던 신하들이 모여서 의논하던 곳이라고도 한다.

더 알아보기

척화론과 주화론

병자호란이 일어나자 조선에서는 두 가지의 대처 방법으로 경쟁했다. 청에 맞서 끝까지 싸우자는 척화론과 청과 타협하여 전쟁을 피하자는 주화론이 그것이다. 당시 예조판서였던 김상헌은 척화론을 주장했고, 이조판서였던 최명길은 주화론을 주장했다. 그런데 조선에는 척화론이 우세하여 병자호란 때 청에 항복하기를 끝까지 반대하였다. 그러나 결국 인조는 항전 끝에 삼전도(오늘날 서울 송파)에서 치욕적인 항복을 하게 됐다.

다. 이 사건을 정묘년(1627년)에 오랑캐가 일으킨 난리라 하여 '정묘호란'이라고 부른다.

인조는 후금에 보내는 인질로 진짜 왕자가 아니라 친척인 원창군을 보냈다. 사실 명나라와의 관계를 끊을 생각도 없었다. 1636년 후금의 태종은 황제가 되어 나라 이름을 청(淸)으로 바꾸었다. 청은 이 사실을 조선 정부에 알리고 명나라 대신 청나라를 섬길 것을 강요해왔다. 그러나 조선은 만주족이 세운 청나라를 오랑캐라 배척하고 황제의 나라라 인정하지 않았다.

이에 청 태종은 12만 3천여 명이란 많은 군대로 조선을 침략해 왔다. 조선 정부는 우선 최명길을 보내 청나라 군대와 협상을 벌이는 동안 인조는 왕비와 소현세자 일행을 먼저 강화도로 피신보낸 다음 그 뒤를 따라가려고 했다. 그러나 인조가 강화도로 피신할 것을 알고 있던 청나라 군대가 미리 강화도로 들어가는 길목을 차단하였다. 어쩔 수 없이 인조는 서울 남쪽의 남한산성으로 가 항전을 결심했다.

청나라 군대는 인조가 피신한 남한산성을 겹겹이 둘러싼 채 조선군이

남한산성 동문(경기 광주)
다른 이름으로 좌익문이라고도 불리는 동문은 자연석을 쌓아 낮은 곳에 만들어진 성문을 방어하도록 만들었다.

지치기만을 기다렸다. 남한산성 안에는 조선군 1만 2천여 명과 다수의 피란민이 갇혀 있었다. 시간이 갈수록 식량이 모두 바닥나고 사기는 점점 떨어지면서 민심이 흉흉해졌다. 임금을 구하고자 각지에서 모인 병사들이 남한산성을 포위한 청나라 군대를 공격했지만 번번이 포위망을 뚫는 데 실패하고 말았다.

더 이상 버티기 힘들어지자, 1637년 1월 인조는 삼전도에서 청나라에 굴욕적인 항복 의식을 치렀다. 그리고 조선이 청나라와 군신의 예를 지킬 것과 왕세자와 왕자를 청나라에 인질로 보내는 것, 성벽이나 성을 함부로 짓지 않겠다는 항복 조건을 받아들였다. 이 사건을

수어장대(경기 광주)
수어장대는 1624년(인조 2) 인조의 명에 따라 남한산성이 정비될 때 지어진 4대의 장대 가운데 하나이다. 이 중 현재 남아있는 것이 위 사진의 수어장대이다. 수어장대에서는 남한산성의 방어를 위해 만들어진 부대인 수어청의 장군들이 군사를 지휘했다.

병자년에 일어난 오랑캐의 난리라 하여 '병자호란(1636년)'이라고 한다.

병자호란이 남긴 상처는 매우 컸다. 우선 소현세자와 아우 봉림대군(훗날 효종)이 청나라에 인질로 잡혀가게 됐다. 거기에다가 청나라와 끝까지 싸울 것을 주장했던 3학사(홍익한, 윤집, 오달제)는 청나라에 끌려가 죽임을 당했다. 그리고 수많은 조선 백성이 청나라에 노예로 끌려갔다. 참혹한 패배에 인조를 비롯한 신하들은 청나라에 사무치는 원한을 갖게 됐다. 그리하여 훗날 청나라에 원수를 갚겠다는 북벌 운동이 일어나게 되었다.

4. 효종, 북벌을 추진하고 나선(羅禪, 러시아)을 정벌하다

인조의 뒤를 이은 효종은 대군 시절에 청나라에 인질로 끌려가서 그곳에서 당했던 수모를 갚겠다는 의지가 강력했다. 소현세자가 인질에서 풀려나 귀국한지 얼마 되지 못하고 갑자기 죽자, 봉림대군이었던 효종이 왕위에 오른 것이다. 효종은 강력한 의지를 바탕으로 송시열과 이완 등의 신하들을 곁에 두고 남한산성과 북한산성을 보수했고, 군사들을 기르고 훈련시키며 무기를 만들어 청나라와의 전쟁을 준비했다. 이러한 효종 때의 움직임을 북쪽의 청나라를 정벌한다는 뜻에서 '북벌(北伐) 운동'이라고 했다.

삼전도비(서울 송파)
'대청황제 공덕비'라 쓰여 있다. 청나라 태종이 삼전도에서 인조에게 항복받은 사실을 기록한 것으로 몽골어, 만주어, 한문 3종의 문자로 되어 있다.

효종은 이렇게 기른 군대가 청나라 군대에 맞설 수 있는지 시험해보고 싶은 마음이 있었다. 때마침 청나라가 러시아를 정벌하는 데에 조선의 조총 부대를 보내달라고 요구해 오는 일이 생겼다. 조선의 조총 부대는 러시아 정벌에서 크게 활약했는데, 이를 러시아(당시 러시아를 나선이라 불렀다고 한다.)를 정벌한다는 말에서 '나선 정벌'이라고 했다.

이렇게 군대를 길러 청나라에 복수를 하고자 준비했지

만, 결국에 청나라는 명나라를 멸망시키고 중국 대륙의 주인이 됐다. 청나라는 발전을 거듭하며 강력한 국가로 성장해 갔다. 청나라가 강력해지면서 북벌론은 점차 사그러 들고 말았다.

더 알아보기

나선 정벌

청나라 사신 한거원이 서울에 들어왔다. 상이 편전에서 접견할 적에 대신들도 역시 입시하였는데, 거원이 예부의 자문(咨文)을 바쳤다. 그 자문에 이르기를, "조선에서 조창(鳥槍)을 잘 쏘는 사람 1 백 명을 선발하여 회령부를 경유하여 앙방장(昻邦章)의 통솔을 받아 가서 나선(羅禪)을 정벌하되, 3월 초10일에 영고탑에 도착하시오." 하였다. 거원이 자리를 피하여 절을 하자, 상이 위유하고 이어 차를 하사하면서 이르기를, "나선은 어떤 나라이오?"하니, 거원이 아뢰기를, "영고탑 옆에 별종이 있는데 이것이 바로 나선입니다." 하였다.

『효종실록』 권12, 5년 2월 계해

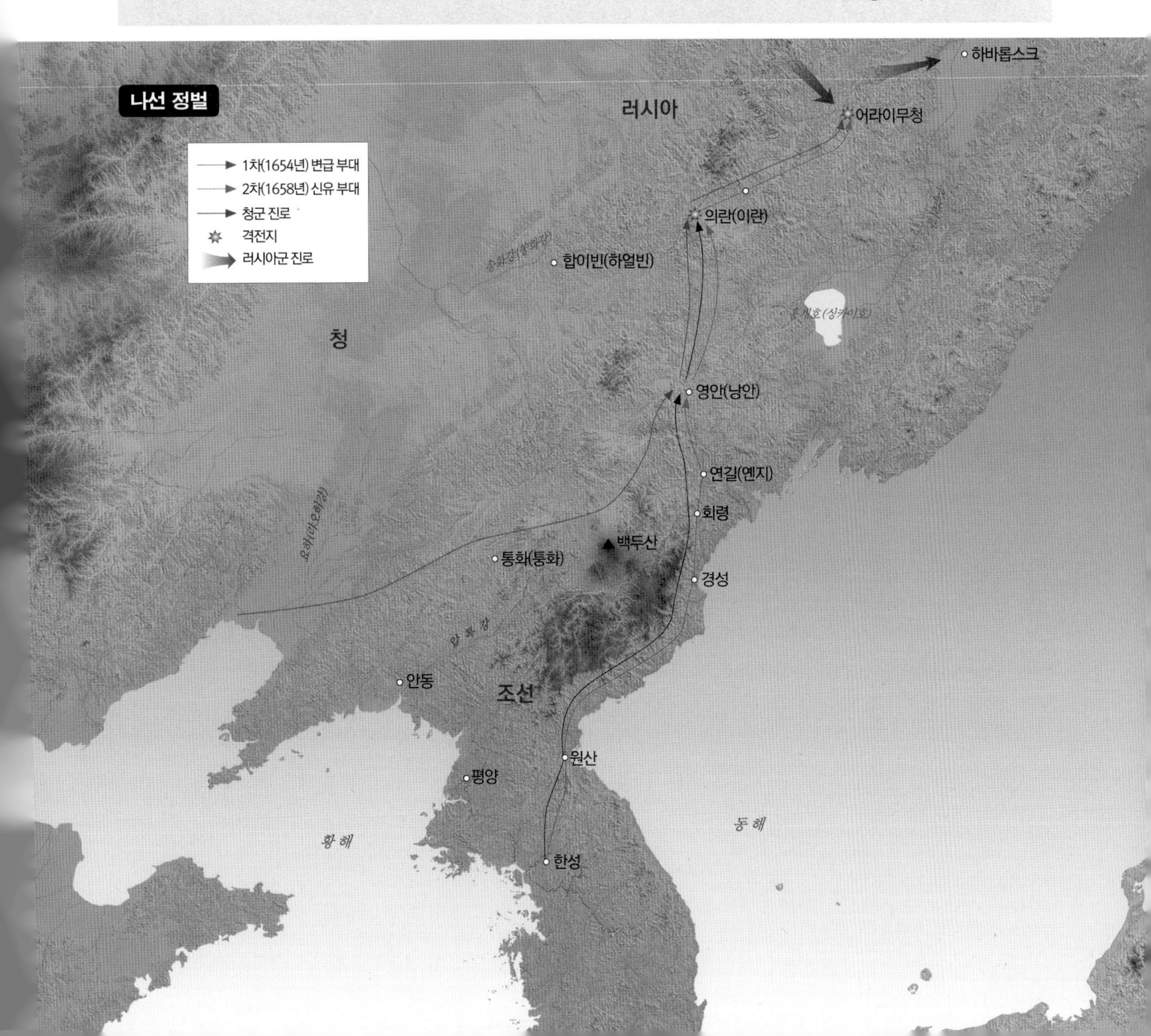

05

정치 체제가 변화하다

수원 화성 팔달문(경기 수원)

화성의 남문으로 정조가 아버지 사도세자의 묘에 가기 위해 출입했던 문이었다. 문을 보호하고 방어를 위해 문 앞에 항아리 모양의 성벽을 둘러친 '옹성'을 만들었다.

1. 붕당 정치가 전개되다

조선의 13대 임금 명종은 왕위를 이을 자식을 남기지 못하고 죽었다. 그리하여 왕위를 이을 왕족을 찾던 중 중종의 7째 아들인 덕흥군(후에 덕흥 대원군으로 추존)의 셋째 아들인 선조가 조선의 14대 임금이 됐다. 선조는 임금이 되자 과거 사림 세력들이 훈구 세력들에게 탄압받은 일을 생각하여 사림 세력들에게 정치를 할 수 있는 기회를 마련해 주었다. 이때 중앙 정치 무대에 등장한 사림 세력이 바로 퇴계 이황과 율곡 이이 같은 신하들이다.

목릉(경기 구리)

선조(1552년~1608년)와 원비 의인왕후 박씨(1555년~1600년), 계비 인목왕후 김씨(1584년-1632년)의 릉이다. 동구릉에 자리 잡고 있다. 같은 능역 안의 각각 다른 언덕에 왕릉과 왕비릉을 조성한 '동원이강릉' 형식이다.

정권을 잡은 사림 세력간에는 곧 내부 갈등이 생겼다. 선조 8년(1575)에 이조 전랑이란 벼슬의 자리를 두고 예전부터 정치에 참여했던 사림

더 알아보기

붕당(朋黨) 정치의 폐단

붕당은 싸움에서 생기고 싸움은 이해 관계에서 생긴다. 이해 관계가 절실하면 붕당이 깊어지고, 이해 관계가 오래될수록 붕당이 견고해지는 것은 당연한 형세다. 그렇게 되는 이유는 무엇인가? 지금 열 사람이 함께 굶주리는데, 한 그릇의 밥을 같이 먹게 되면, 그 밥을 다 먹기도 전에 싸움이 일어날 것이다. …… 조정의 붕당도 어찌 이와 다르겠는가. …… 대개 과거제도가 번잡하여 인재를 너무 많이 뽑으며, 애증이 치우쳐서 진퇴가 일정하지 못하였기 때문이다. …… 이 밖에도 벼슬길이 분분하게 많으니, 이것이 이른바 관직은 적은데 과거에 응시한 사람은 많아서 모두 조처할 수 없다는 것이다. …… 하물며 당파가 생긴 뒤로는 구름과 비가 뒤집히듯 하여 아무리 총명하여도 제대로 판단하기 어렵다. 중립을 지켜 시비를 가리는 자를 용렬하다 하고 붕당을 위해 죽어도 굽히지 않는 자를 절개가 뛰어나다고 한다. 또 영욕이 갑자기 뒤바뀌니 사람들이 어찌 붕당을 만들어 싸우지 않겠는가.

이익, 『성호집』 권25, 「잡저」 하, 논붕당

세력과 선조 때 새롭게 등장한 사림 세력 간에 다툼이 일어났다. 이조 전랑은 6조 중에서 문관의 인사를 맡아보던 이조의 정랑과 좌랑이란 벼슬을 합쳐서 부르는 것이다. 이조 전랑이란 그리 높은 벼슬은 아니었지만, 임금과 관리들의 잘잘못을 따지는 역할을 하던 삼사 관리들의 인사를 담당하던 중요한 자리였다. 또한 이조 전랑에게는 자기 뒤를 이을 관리를 스스로 추천할 수 있는 권한(자대권)도 있었다. 그러니 이조 전랑을 어느 쪽이 차지할지를 두고 치열한 경쟁이 벌어졌었다.

> **더 알아보기**
>
> **붕당의 형성**
>
> 붕당의 원인이 된 이조 전랑이란 관직은 높은 벼슬은 아니지만 관리의 인사에 관여하는 직책이라 많은 사람이 되길 원했다. 선조 때 김효원과 심의겸은 이조 전랑의 추천 문제를 가지고 다투었는데 이후 김효원을 지지하는 세력이 동인, 심의겸을 지지하는 세력이 서인이 되었다. 동인은 다시 이황의 학문에 영향을 받은 남인과 조식의 학문에 영향을 받은 북인으로 나뉘어지게 됐다. 후에 서인은 이이의 학문을 따르는 사람들이 몰려들었는데, 서인 역시 다시 노론과 소론으로 나뉘어져 경쟁했다.

이조 전랑 자리를 두고 김효원과 심의겸 사이의 다툼이 있었다. 이 때 심의겸을 따르는 세력은 서인, 김효원을 따르는 세력은 동인이라고 불렸다. 이는 심의겸의 집이 궁궐의 서쪽에, 김효원의 집이 궁궐의 동쪽에

붕당 정치의 전개

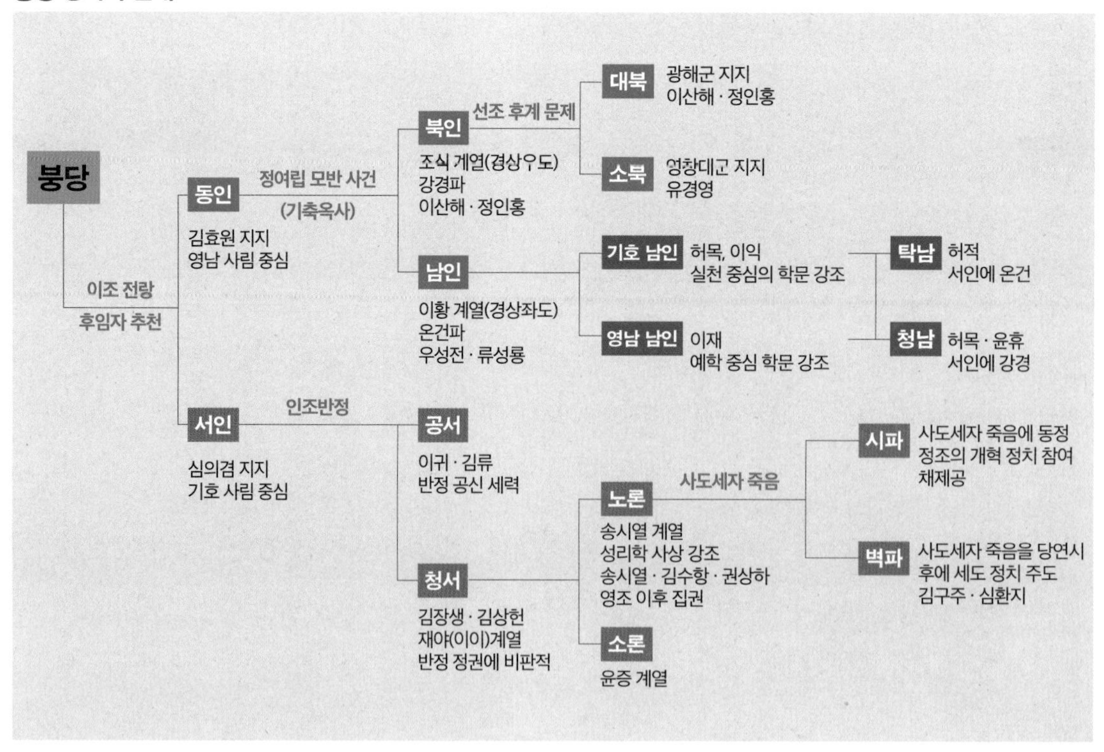

있다고 하여 정해진 것이다. 서인은 주로 이이와 성혼을 따르는 경기도와 충청도 출신의 사림들이 많았다. 반면 동인은 이황과 조식을 따르는 경상도 지역의 사림들이 많았다. 이렇듯 사림 세력이 출신 지역과 학연에 따라 동인과 서인으로 나뉘어졌던 것이다.

동인과 서인 간의 싸움이 본격적으로 일어난 건 선조 22년에 일어난 정여립 모반 사건 때였다. 정여립은 처음에는 서인에 속해 있었으나 율곡 이이가 죽은 후 우세해진 동인에 가담하여 서인의 영수인 이이, 성혼 등을 비난하다 왕의 미움을 사 관직에서 쫓겨나 고향인 전주에 은거하고 있었다. 그는 활쏘기 모임을 만드는 등 사람들을 모아 대동계를 조직하여 정권을 탈취할 야심을 품었다. 정여립 등은 선조 22년 전라도와 황해도에서 난을 일으켜 한양을 공격하기로 했다. 그러나 관찰사 등이 이 사실을 알고 정부에 알려 토벌군이 파견되었다. 정여립은 아들과 함께 도망치다 관군에 의해 포위되자 진안의 죽도에서 자살하고, 가담자들도 체포되어 정여립 모반 사건은 실패로 끝나게 되었다.

선조는 정여립의 모반 사건 관련자들을 서인인 정철로 하여금 죄를 다스리게 했고 이 과정에서 동인에 속한 많은 사림이 화를 입게 되었는

송강정(전남 담양)
서인의 대표적인 인물이었던 송강 정철이 선조의 분노를 사게 되어 벼슬 자리에서 쫓겨난 후에 머물던 정자이다.

진안 죽도(전북 진안)
정여립이 은신했던 곳이라 전해지고있다.

데 이를 '기축옥사'라고 한다. 이 사건이 일어났을 때 일부 서인이 앞장서서 동인을 죽여야 한다고 선조에게 말했었는데, 살아남은 동인은 동료들이 억울하게 죽는 것을 보면서 서인에게 크나큰 원한을 가졌다.

정여립 모반 사건이 일어난 지 2년 후인 1591년 서인을 대표하던 인물이자 기축옥사 때 동인들을 처벌하던 일을 관장했던 정철은 선조에게 광해군을 왕세자로 세우라고 건의했다가 노여움을 사게 되었다. 이로 인해 정철은 귀양을 가게 되었고, 서인 대부분이 외직으로 쫓겨 났다. 동인은 이 틈을 타서 서인을 숙청함으로써 복수를 하였다. 이때 동인 안에서는 이 기회에 정철과 그와 관련된 서인을 강하게 처벌하자는 강경파와 그러지 말자는 온건파로 그 의견이 나눠지게 됐다.

정철(1536년~1593년)
정철은 정여립의 난을 수사할 때 앞장서서 동인들을 탄압했었다. 1591년 2월 선조에게 그의 나이 40을 넘었으니 세자를 세우라고 했다가 선조의 분노를 사게 됐다. 당시 선조는 후궁과의 사이에서만 왕자를 낳았다. 정철이 광해군을 세자로 세운 후 광해군의 배다른 동생인 신성군을 없애려 한다는 모함이 선조의 귀에 들어가면서 결국 정철을 비롯한 서인 전체가 화를 입게 되었다.

주로 강경파들은 동인 중에 조식을 따르는 사람들이 많았는데, 이들은 북인으로 불려졌다. 온건파들은 주로 이황 계통의 학자들이었는데 이들은 남인으로 불렸다. 결국 정철의 처벌문제를 가지고 동인 안에서도 북인과 남인으로 당이 나뉘어졌다.

그러나 이때까지만 해도 동인에서 갈라진 북인과 남인, 서인 간에는 확실한 구분이 없었다. 곧 조상이나 스승이 어느 당인지에 따라 소속 정파가 결정되는 것과 같은 일은 생겨나지 않았으며, 상대 당에 대해 서로를 인정해 주는 분위기였다.

이러한 분위기는 선조가 죽고 광해군이 즉위하면서 달라지기 시작했다. 광해군 집권 시기에는 광해군의 편에 섰던 북인이 권력을 독차지했기 때문이다. 여기에 불만을 품은 서인이 주도하고 남인이 그 뜻에 묵인하여 광해군을 폐위하고 인조를 왕으로 세운 일이 바로 인조반정이었다.

인조반정으로 광해군과 북인이 쫓겨나고, 새

허목(1595년~1682년, 남인)
효종이 왕위를 계승했기 때문에 장자 대우를 해야한다고 주장했다.

로이 서인이 집권하고 남인이 권력에 참여하는 형국이 됐다. 인조의 뒤를 이어 임금이 된 효종 때에도 서인이 주도하고 남인이 참여하여 나라를 다스려나갔다.

그러나 이러한 서인과 남인 간의 연합이 효종의 죽음으로 깨지게 됐다. 효종이 죽자 인조의 계비인 조대비(장렬왕후)가 입을 상복을 어떻게 정할 것이냐를 놓고 서인과 남인 간에 다툼이 일어나게 된 것이다. 이를 1차 예송이라고 한다. 현재의 관점에서 보기에 다툼이 일어난 이유가 잘 이해가지 않을 수 있으나 조선에서 왕실의 예법은 그 무엇보다도 중요한 일이었다.

환국의 흐름

환국	연대	사유	결과
경신환국	숙종 6년(1680)	유악 사건	서인 집권
기사환국	숙종 15년(1689)	원자(장희빈 아들) 세자 책봉	남인 집권
갑술환국	숙종 20년(1694)	인현왕후 복위	서인 재집권

유악
궁중에서 비를 피할 때 쓰던 천막이다. 당시 권력을 장악했던 남인들은 남인의 영수 허적의 집안일에 이 유악을 가져다 사사로이 썼었다. 이에 분노한 숙종은 남인 일파를 몰아냈다.

효종 뒤에 임금이 된 현종은 골치 아픈 문제를 두고 치열하게 싸우는 서인과 남인 틈에서 곤란을 겪게 됐다. 이때 현종은 서인의 편을 들어주었고, 남인은 정치 무대에서 쫓겨나게 됐다.

그 후 현종 때 효종비가 죽었고, 다시 조대비의 상복 문제가 제기되어 서인과 남인 간의 다툼이 일어났다. 이를 2차 예송이라 한다. 이때는 현종이 남인의 편을 들어주었고, 서인이 벼슬에서 쫓겨나게 됐다.

현종 다음으로 임금이 된 숙종은 왕의 힘을 강하게 떨치고자 한 번은 남인의 손을 들어주었다가, 그 다음에는 서인의 손을 들어주는 식으로 정국을 운영했다. 이를 환국정치라 한다. 숙종이 처음 즉위했을 때는 남인이 집권하고 있었다. 그런데 숙종 6년(1680) 때 남인의 지도자인 허적이 역모를 꾀했다는 누명을 쓰게 되면서 남인이 조정에서 쫓겨나고, 서인이 다시 정권을 차지했다(경신환국).

윤증(1629년~1714년)
윤증은 조선 후기 소론의 영수로 추대됐던 성리학자이다. 본래 송시열에게서 성리학을 배우기도 했던 윤증은 아버지 윤선도가 죽은 후 송시열과 대립하게 됐다. 결국 서인은 송시열을 따르는 노론과 윤증을 따르는 소론으로 나뉘어 서로 대립했다.

그러나 조정으로 돌아온 서인 사이에는 의견 대립이 일어났다.

송시열을 따르는 노론과 윤증을 중심으로 하는 소론으로 서인 세력이 나누어지게 됐다. 숙종은 노론과 소론의 신하들을 모두 공평하게 대하고자 했지만, 실제로는 소론보다는 노론이 정치를 주도해 나갔었다.

그런데 1689년(숙종 15)에 숙종과 노론이 서로 등을 돌리게 되는 사건이 일어났다. 숙종이 후궁 장희빈에게서 얻은 아들을 세자로 앉히려고 하자 노론의 신하들이 거세게 반대를 했기 때문이다. 결국 숙종은 자신의 뜻대로 세자를 세우기 위해 송시열을 비롯한 많은 신하를 귀양 보내거나 죽이고, 다시 남인을 조정으로 불러들였다(기사환국).

그러나 숙종 20년에 다시 서인이 조정에 들어오면서 왕비에 올랐던 장희빈이 물러나고, 인현왕후 민씨가 왕후의 자리를 되찾게 됐다. 이때 장희빈의 편에 섰던 남인은 돌아온 서인에 의해 다시 회복하지 못할 정도로 큰 타격을 입게 됐다(갑술환국). 이후 남인은 정치 무대에 거의 발을 들여놓지 못하게 되면서 서인에서 나뉜 노론과 소론이 정치를 주도하게 됐다.

윤증 고택(충남 논산)
소론의 영수 윤증이 살던 집이다.

숙종 때를 지나면서 붕당 간의 다툼이 극심해져 서로 상대 당을 도덕과 의리를 중시하는 '군자당'의 반대말인 '소인당'이라고 부르며 다투었다. 처음 붕당 정치에서 서로 올바른 정치를 펴도록 견제하고 비판하던 문화가 무조건 상대를 누르려 하는 형태로 바뀌어갔다.

숙종은 붕당 간의 다툼을 이용하여 왕권을 신장시키고, 여러 업적을 남겼다. 숙종은 경제적으로 대동법을 전국적으로 실시하였고, 일부의 서북지방을 제외하고 양전을 실시하였으며 상평통보를 주조하고 유통케하여 조선 후기 경제발전에 영향을 주었다. 또한 금위영을 설치하고 북한산성을 개축하여 한성 수비의 거점으로 삼았다. 또한 양역이정청을 설치하여 그동안 혼란스러웠던 양인 1인의 군포를 2필로 균일화 하였다.

송시열 유허비(전북 정읍)
유허비는 인물의 업적을 후세에 밝히는 비문을 말한다. 송시열은 조선 후기 대학자로 율곡 이이의 학풍을 이어갔으며, 서인이 노론과 소론으로 나뉜 후에 노론을 이끌며 정치를 주도했다. 특히 효종 때에는 세자시강원 당시 있었던 연유로 효종의 총애를 받았다.

대로사(경기 여주)
노론의 영수 송시열을 추모하는 사당이다.

2. 영조와 정조, 정치를 개혁하다

1) 영조, 왕의 힘을 키워 신하들 간의 다툼을 줄이려 하다

숙종이 죽고, 뒤를 이어 숙종과 희빈 장씨(장옥정) 사이에서 태어난 경종이 왕위에 올랐다. 경종은 14살에 어머니가 아버지 숙종과 노론 신하들에 의해 죽임을 당하는 것을 겪었다.

불행한 처지의 경종이 숙종의 뒤를 이어 임금이 되자, 노론 신하들은 크게 긴장할 수밖에 없었다. 자칫 경종이 어머니를 죽게 한 책임을 물어 예전 연산군이 했던 것처럼 복수를 해온다면 노론으로서는 큰 일이 아닐 수 없었다. 경종은 왕이 된 후에도 시름시름 앓다가 즉위한 지 4년 만에 죽고 말았다. 다음 왕위를 이은 인물이 경종의 배다른 동생인 연잉군, 즉 영조였다.

영조는 임금이 된 뒤에 탕평책을 내세웠다. 탕평책이란 붕당 간의 권력 다툼으로 인한 정국 혼란을 막고 왕이 정국을 주도하려는 정책이었다. 사실 처음 탕평책을 내세운 건 숙종이었지만, 숙종은 신하들을 내치거나 다시 불러들이는 환국정치를 통해 왕권을 강화함으로써 신하들 간

탕평비(蕩平碑)

신의가 있고 아첨하지 않음은
군자의 공정한 마음(公心)이요,
아첨하고 신의가 없음은
소인의 사사로운 뜻(私意)이다.

周而弗比乃君子之公心
比而弗周寔小人之私意

- 성균관 입구에 세우다(영조 18년, 1742) -

의 싸움에서 중립을 지키겠다는 원칙을 스스로 깼다.

하지만 어려운 상황에도 불구하고 영조는 탕평의 원칙을 지켜 가고자 노력했다. 영조가 즉위했을 때 조정에는 왕자 시절부터 자신의 편이 되어 주었던 노론과 자신의 반대편에 섰던 소론이 있었다. 영조는 노론과 소론을 떠나 임금을 따르는 자들인 탕평파를 조정에서 키워나가며 점차 왕권을 키워나가려고 했다. 영조는 이렇게 정치를 안정시켜나가며 개혁 정치를 펼쳐 나갔다.

창경궁 문정전 앞뜰(서울 종로)
이곳에서 영조는 세자에게 칼을 휘두르며 자결할 것을 명했다. 영조는 소주방의 뒤주가 들어왔는데 크기가 작아서 쓸 수가 없자, 다시 어영청에서 쓰는 큰 뒤주를 들여왔고 세자가 여기에 들어갈 것을 명했다. 결국 사도세자는 영조의 명에 의해 뒤주에 갇히게 됐고, 영조가 직접 뚜껑을 닫고 자물쇠를 채웠다. 사도세자는 뒤주 속에서 8일 만에 28세라는 짧은 나이로 생을 마감했다. 영조는 세자가 죽은 후 '사도(思悼)'라는 시호를 내렸다.

영조는 우선 이조 전랑의 권한을 약하게 했다. 동인과 서인이 나뉠 때 이조 전랑 자리를 두고 다툼이 있었기 때문이다. 영조는 이조 전랑이 자

더 알아보기

영조(1694년~1776년, 재위 : 1724년~1776년)의 탕평책

붕당의 폐해가 요즘보다 심각한 적이 없었다. 처음에는 예절 문제로 분쟁이 일어나더니, 이제는 한쪽이 다른 쪽을 역적으로 몰아붙이고 있다. … 우리나라는 땅이 좁고 인재도 그리 많은 것이 아닌데, 근래에 들어 인재를 등용할 때 같은 붕당의 인사들만 등용하고자 한다. 조정의 대신들이 서로 상대 당을 공격하면서 반역자가 아닌가로 문제를 집중하니 모두가 동의할 수 있는 정책이 나오지 못하고, 정책의 옳고 그름을 판단하기 어렵게 되었다. … 이제 유배된 사람들의 잘잘못을 다시 살피도록 하고, 관리의 임용을 담당하는 관리들은 탕평의 정신을 잘 받들어 직무를 수행하도록 하라.

영조의 「탕평 교서」 가운데

더 알아보기

사도세자(思悼世子, 1735년~1762년)

왕이 세자에게 명하여 땅에 엎드려 관(冠)을 벗게 하고, 맨발로 머리를 땅에 조아리게 하고 이어서 차마 들을 수 없는 전교를 내려 자결할 것을 재촉하니, 세자가 조아린 이마에서 피가 나왔다. … 세손이 들어와 관과 포(袍)를 벗고 세자의 뒤에 엎드리니, 임금이 안아다가 시강원으로 보내고 김성응 부자에게 다시는 들어오지 못하게 하라고 명하였다. 왕이 칼을 들고 연달아 차마 들을 수 없는 전교를 내려 동궁의 자결을 재촉하니, 세자가 자결하고자 하였는데 춘방의 여러 신하들이 말렸다. 왕이 이어서 폐하여 서인을 삼는다는 명을 내렸다… 드디어 세자를 깊이 가두라고 명하였는데, 세손이 황급히 들어왔다. 왕이 빈궁•세손 및 여러 왕손을 좌의정 홍봉한의 집으로 보내라고 명하였는데, 이때에 밤이 이미 반이 지났었다.

(『영조실록』 영조 38년 윤5월 13일)

신의 뒤를 이어 전랑이 될 사람을 추천할 수 있는 권한인 자천권(자대권)을 제한하였다. 또한 붕당의 뿌리를 없애기 위해 붕당의 본거지가 됐던 서원을 대거 없앴다. 어느 서원 출신인지에 따라 붕당이 나눠지는 일이 많았기 때문이다.

영조는 그동안 당쟁으로 인해 고통 받던 백성들을 위한 정치를 펼쳐 나갔다. 그중에 대표적인 일이 바로 균역법 실시다. 균역법이란 백성들이 군역의 의무로 납부하던 군포의 양을 베 2필에서 1필로 줄여주는 법이다. 그는 군대와 관련된 세금을 반으로 줄여주어 백성들의 부담을 크게 줄여주고자 했던 것이다.

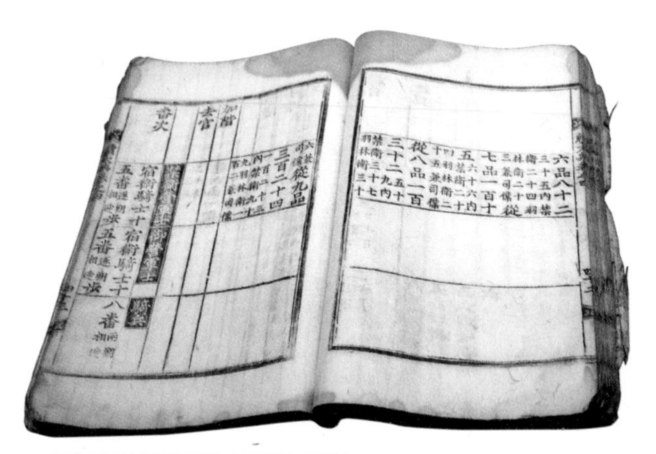

속대전(서울대학교 규장각 한국학 연구원)
『경국대전』 시행 이후 공포된 각종 법령과 『경국대전』에서 빠진 내용을 보충한 법전이다.

이에 그치지 않고 영조는 신문고를 설치하여 억울한 일을 당한 백성들의 말에 귀 기울여 주었고, 사형수는 3번의 재판을 거치도록 하여 억울한 일을 없애고자 노력했다. 또 나라의 법과 제도와 관련된 책들을 펴내었는데, 『속대전』, 『속오례의』, 『동국

문헌비고』와 같은 책들이 그것이다.

붕당 정치를 없애기 위한 노력들에도 불구하고 영조는 붕당 간의 치열한 다툼을 일시적으로 억누르는 데에는 성공했지만, 붕당 정치의 잘못된 점을 완전히 해결하지는 못했다. 왕자 시절부터 영조의 반대편에 섰던 일부 소론 신하들은 계속해서 영조에 대해 반대하는 뜻을 품고 있었다. 그래서 1728년(영조 4)에 소론에 속한 이인좌의 난이 발생했고, 또 1755년에는 소론의 윤지가 주도하여 나주에서 임금과 나라를 비방하는 글을 벽에 붙였다가 발각되는 나주 벽서 사건이 일어났다.

이인좌의 난
영조 4년 권력에서 소외된 소론과 일부 남인이 일으킨 사건이다. 이 사건은 정희량, 이인좌 등이 청주 등지에서 영조를 왕위에서 몰아내고 소현세자의 증손인 밀풍군 탄을 왕위에 올리려다가 실패했던 사건이다. 영조는 이를 진압한 후 왕권을 강화할 수 있었다.

소론의 일부 신하들이 보인 행동으로 인해 영조는 점차 노론을 가까이 하고 소론을 멀리하게 됐다. 반면 영조의 아들인 사도세자는 아버지와는 달리 소론 신하들과 친하게 지내자 아버지와는 다른 길을 가려고 하는지 의심을 받게 되었다. 이러한 일들로 점차 영조와 사도세자 간의 갈등이 쌓이면서 사도세자는 아버지 영조와 노론 신하들의 눈 밖에 나게 됐다.

비행을 일삼는 사도세자의 처결을 두고 고민한 끝에 영조는 쌀독을 뜻하는 뒤주에 사도세자를 가두어 굶겨 죽이고 말았다. 이렇게 아버지가 아들을 죽이는 비극이 일어나게 된 데에는 노론과 소론, 두 붕당 간의 다툼이 크게 영향을 미쳤다.

2) 정조, 영조의 뒤를 이어 개혁 정치를 주도하다

영조의 뒤를 이어 그의 손자이자 사도세자의 아들 정조가 임금에 오르게 됐다. 정조가 임금이 되자 그의 아버지인 사도세자의 죽임에 책임이 있었던 일부 노론 신하들은 크게 긴장했다. 혹시 정조가 예전 연산군처럼 원수를 갚고자 나선다면 자신들의 정치적 생명력이 위험해지기 때문이다.

오명항과 토적송공비(경기 안성)
이인좌의 난을 진압한 오명항의 공적을 기린 영정과 비이다.

그러나 정조는 정치적 보복을 하기보다는 잘못된 정치를 바로 잡고자 노력했다. 그는 속한 당파를 가리지 않고 인재를 널리 쓰겠다는 뜻을 신하들에게 알렸다. 또 그동안 정치에서 소외됐던 소론뿐만 아니라 숙종 때 정치 무대에서 쫓겨난 남인들도 조정으로 불러들였다.

정조는 학문 연구와 능력 있는 신하들을 뽑아 쓰기 위해 규장각을 설치했다. 그는 이곳에서 젊은 관료들이 공부에 전념하도록 초계 문신 제도를 실시했다. 이 제도는 새로 뽑힌 젊은 관료나 아직 지위가 낮은 관리들을 모아 임금이 직접 이들을 가르치면서 실력을 알아본 후 속한 붕당에 상관 없이 인재를 양성하는 제도였다. 규장각은 궁궐 안의 왕실 도서관이었는데, 정조는 이를 세종의 집현전과 마찬가지로 임금이 뜻을 펼치는 데 도움을 주는 학문 기관으로 만들었다.

초계 문신 제도
37살 아래의 젊은 문신들을 뽑아 규장각에서 재교육시키던 제도이다.

또한 정조는 규장각에 검서관을 두어 그동안 소외됐던 서얼 출신인 이덕무·유득공·박제가·서이수를 등용하여 자신의 개혁 정치를 돕도록 하였다. 특히 박제가는 북학파의 대표적 인물인 박지원의 제자로, 서얼이라는 신분의 한계로 인해 능력을 발휘하지 못했던 인물 중 하나였다.

서얼
서(庶)는 양인 첩의 자손이고, 얼(孼)은 천민 첩의 자손을 말한다. 서얼은 정식 부인의 자손이 아닌 것이다. 따라서 조선 시대 기본 법전인 『경국대전』에는 서얼이 과거와 관리 임용에 제한을 둔다(서얼차대법)고 적고 있다.

정조가 붕당 간의 싸움을 줄이기 위한 개혁을 해나가자 노론 신하들은 임금의 뜻에 반대했다. 이러한 반대를 억누르고, 개혁을 추진하기 위

규장각(창덕궁, 서울 종로)
규장각은 본래 역대 왕의 글과 책을 수집, 보관하기 위한 왕실 도서관의 기능을 가진 기구로 설치됐다. 그러나 정조는 여기에다 비서실 기능과 서적관리 기능을 추가했고, 과거 시험의 주관과 문신 교육 임무도 부여했다.

해 정조는 군대를 개편하려고 했다. 당시 군영의 우두머리들은 대부분 노론에 속하는 사람들이었으므로 임금이 불안할 수밖에 없었다. 정조는 이들 군영에 맞서 국왕에 충성하는 부대인 장용영을 새로 만들었다. 곧 정조는 무과를 실시하여 2천여 명을 합격시키고, 이들로 장용위를 실치하였다가 1788년에 이를 장용영으로 이름을 바꾸었다. 장용영은 이후 더욱 확대되어 기존의 5군영보다 더 큰 비중을 차지했다. 정조는 자신의 편이 될 군대를 만들어 힘을 더욱 더 강하게 하려 했던 것이다.

정조 어진

정조는 특유의 정치력을 발휘하며 개혁 정치를 어느 정도 성공적으로 이끌어갔다. 그 결과 노론 신하들의 반대를 물리치고 아버지 사도세자의 묘를 수원으로 옮겼다. 또한 아버지의 묘 근처에 새로운 성곽 도시인 화성을 건설하였다(정조 20년, 1796).

한편 정조는 일반 백성들의 생활에도 관심이 많았다. 정조는 시전 상인들이 누리던 금난전권을 폐지하여 자유로운 상업 활동을 보장했다(신해통공, 1791년). 또한 많은 책을 펴내 문화를 발전시키기도 했는데, 당시

금난전권
금난전권은 당시 나라의 허락을 맡고 도성 안에서 장사를 하던 시전 상인들이 누리던 권리였다. 시전 상인들은 나라가 필요로 하는 물건을 세금 대신에 대주고, 자신들이 파는 물건을 허가 받지 못한 일반 상인들이 팔지 못하게 할 권리를 가졌는데, 이를 금난전권이라고 했다. 정조는 육의전을 제외한 시전 상인의 금난전권을 없애 일반 백성들도 상업에 뛰어들 수 있게 만들었다.

융릉(경기 화성)
영조 38년(1762) 뒤주 속에서 죽은 사도세자의 묘로 수은묘라 불렸으나 정조 즉위 후 영우원, 현륭원으로 바꾸어 불렸다. 고종 때 사도세자가 장조로 그 지위가 올라가면서 무덤도 왕릉의 명칭인 융릉으로 높였다.

편찬된 책으로는 법을 정리한 『대전통편』, 외교 문서를 정리한 『동문휘고』, 병법서인 『무예도보통지』 등이 있다.

정조는 개혁 정치를 통해 조선을 어느 정도 안정시키는 데 성과를 거두었다. 강력한 왕권으로 붕당들의 다툼을 조정하는데 성공했지만, 붕당 정치의 잘못된 점을 완전히 극복하진 못했다. 결국 정조가 죽은 후에 일부 세도 가문이 정권을 독차지하는 일이 벌어지면서 임금의 힘이 약화되고 말았다. 이후 전개된 이러한 정치 형태를 '세도 정치'라고 한다.

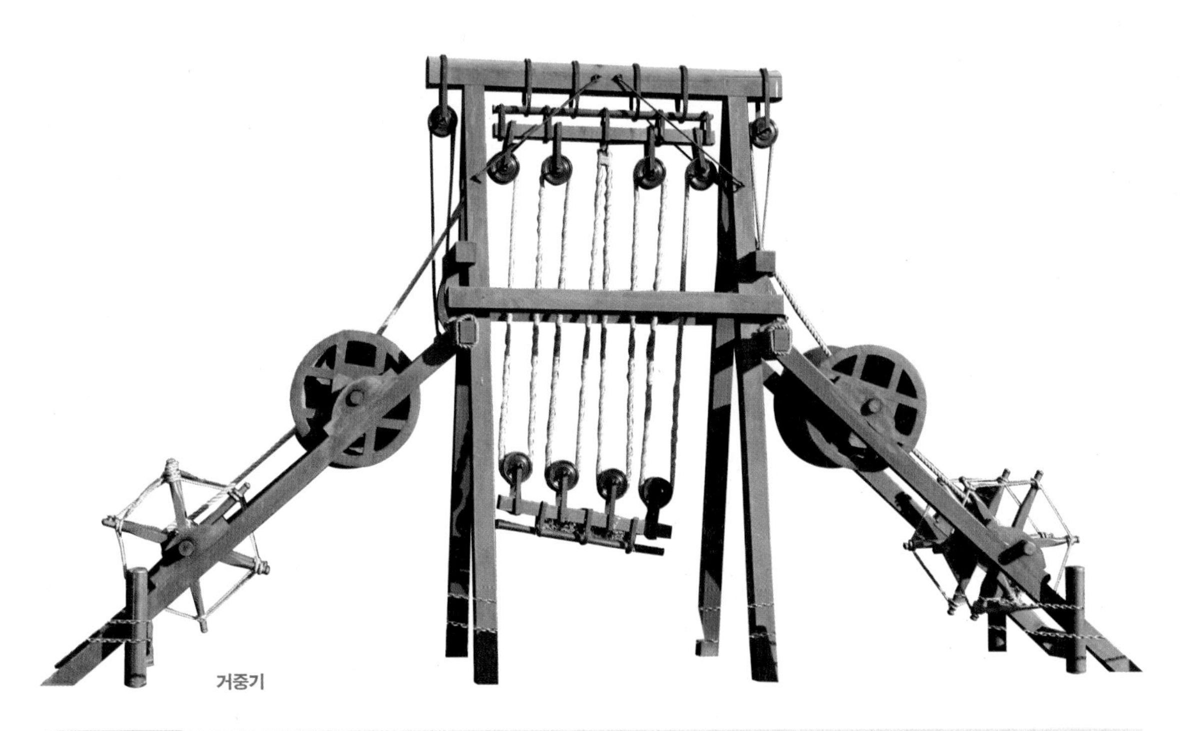
거중기

더 알아보기

『화성성역의궤』

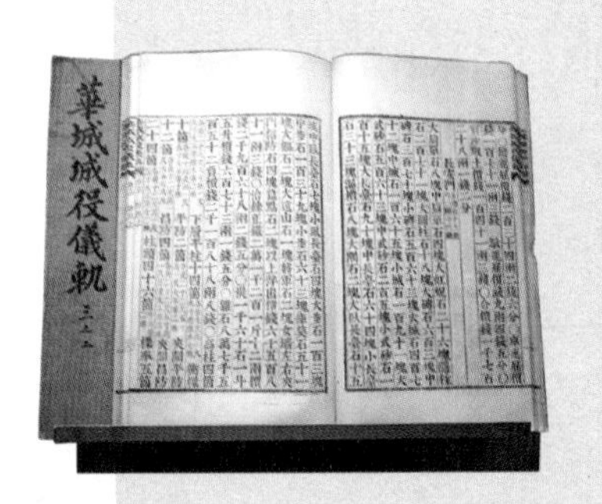

정조 18년(1794) 1월부터 정조 20년(1796) 8월에 걸친 화성 성곽의 축조에 관한 내용을 자세히 기록한 책으로 순조 1년(1801) 9월에 인쇄되어 발간되었다. 이 책에는 편찬 방법·경위·구성 방침을 실은 범례가 있고, 권수에는 본편과 부편의 총목록을 실은 총목(總目)과 성곽 축조에 관계되는 일지를 실은 시일(時日), 성곽 축조 및 의궤 편찬에 관한 관청의 관리명과 담당 업무를 실은 좌목(座目), 그리고 성곽과 각종 건조물 공사에 사용된 부재와 기계·도구 등의 그림 및 그 설명을 실은 도설 등으로 구성되어 있다.

더 알아보기

개혁군주 정조, 자신의 꿈이 서린 화성을 건설하다

정치 상황이 어느 정도 안정되자 정조는 아버지 사도세자의 무덤을 풍수지리에 좋은 땅이라 여겨지던 화산이란 지역으로 옮겼다. 정조는 사도세자의 무덤을 옮기면서 무덤 주변에 살던 주민들이 살 수 있는 터전을 마련해주고, 임금의 위엄 또한 떨치기 위해 계획도시인 화성 건축에 나섰다. 1794년부터 시작된 화성 공사에는 여러 가지 새로운 기술들이 쓰였는데, 서양의 건축 기술도 일부 도입되었다. 그래서 성의 외곽에는 설계할 때부터 대포를 설치할 자리와 옹성이라 하여 항아리 모양으로 성문을 둘러싼 방어시설도 만들었다.

처음 화성을 건축하는 데 10년이 걸릴 것이라 예상하였지만, 불과 2년 4개월 만에 화성이 완성되었다. 이렇게 짧은 시간 안에 화성이 지어질 수 있었던 건 새로운 기계들을 이용하였기 때문이다. 이때 쓰인 기계들은 「화성성역의궤」라는 책에 담겨 있는데 거중기와 녹로와 같은 발달된 기술이 담긴 기계들이 대표적이었다. 이들 기계 덕분에 육중한 성벽을 쌓는 돌들을 비교적 쉽게 나를 수 있게 되면서 공사 기간이 크게 줄어들게 되었다. 또한 화성을 짓는데 동원한 백성들에게 급료를 지급하여 공사기간을 단축하는데 도움을 받았다.

화성 화서문과 공심돈(경기 수원)

방화수류정(경기 수원)

연무대(경기 수원)

서장대(경기 수원)

3. 외척 세력이 권력을 독차지하다

1) 안동 김씨 가문이 권력을 잡다

정치적 역량이 뛰어난 정조는 붕당 간의 다툼을 완화하는데 성공했다. 하지만 정조가 49살의 나이에 죽고, 아들인 순조가 11살의 어린 나이에 임금이 되자 그동안 억눌려 있던 붕당 간의 다툼이 다시 일어났다.

수렴청정
나이 어린 왕이 즉위하면 왕실의 어른인 왕대비 등이 임금이 성인이 될 때까지 일정 기간 국정을 처리하는 대리정치를 말한다.

어린 순조는 정치를 직접 할 수 없었기 때문에 영조가 두 번째로 맞은 부인인 정순왕후가 수렴청정을 하게 됐다. 처음에는 정순왕후의 일가 친척들인 경주 김씨들이 관직을 많이 차지했으나 곧 이어서 순조가 안동 김씨인 김조순의 딸과 결혼하게 되자, 장인인 김조순이 정치를 전담하다시피 하게 됐다. 이러한 과정에서 김조순의 친족인 안동 김씨 일파가 점차 중요한 관직들을 차지하기 시작했다. 이것이 바로 일부 가문이 권력을 독차지하고 임금 대신 나라를 다스리다시피 하는 세도 정치의 시작이었다.

김조순(1765년~1832년)
김조순은 정조 때 여러 벼슬을 하였던 능력있는 신하였다. 정조의 신임을 받았던 그는 정조가 죽은 후 그 아들 순조의 장인이 되어 권력을 누릴 기회를 맞이하였으나 벼슬 자리를 사양하며 몸을 조심하였다. 그러나 이후 그의 일가인 안동 김씨가 권력을 독차지 하게 되면서 극심한 세도 정치가 이루어지게 되었다.

1804년 15살의 나이에 직접 정치를 시작하게 된 순조는 아버지인 정조를 따라 세도 정권에 맞서 자신의 힘을 기르고자 노력했다. 하지만 정권을 잡고 있던 안동 김씨 가문의 힘은 막강했다. 그들은 중요한 관직들을 대부분 차지하여 자신들 가문의 이익에 맞게 정치를 마음대로 했고, 뇌물을 받아 재산을 늘려 나갔다.

또한 관직을 돈으로 사고파는 문화를 만들어, 능력 있는 신하들을 뽑아 관직을 맡기는 조선의 관리 선발 방법을 의미 없게 만들어버렸다. 순조는 안동 김씨에 맞서 왕권을 강화하기 위해 노력했으나, 그가 나라를 다스릴 때 전국적인 흉년이 찾아와 굶어 죽는 사람이 늘어났고, 북쪽 지역인 평안도에서는 홍경래가 난을 일으켜 나라가 혼란스러웠다.

힘든 일상에서 병을 얻게 된 순조는 아들인 효명세자에게 정치를 맡겨 세도 정권에 맞서게 했다. 효명세자는 순조의 기대에 부응해 처음에는 안동 김씨에 맞서 왕권을 강화하는 데 성공하는 듯했다. 하지만 정치를 시작한 지 3년 만인 1830년에 갑자기 숨을 거두면서 세도 정치를 극복하고자 한 계획은 실패로 돌아갔다. 효명세자(익종으로 추존. 후에 문조로 묘호가 바뀜)가 죽으며 정치를 다시 하게 된 순조는 결국 추락한 왕권을 되찾지 못한 채 1834년에 숨을 거두었다.

2) 풍양 조씨 가문이 정권을 휘두르다

순조의 뒤를 이어 효명세자의 아들이자 순조의 손자인 헌종이 8살의 나이에 왕위를 이어받게 됐

조만영 묘비(강원 춘천)
조만영은 딸을 순조의 아들인 효명세자와 결혼시키게 되면서 권력을 차지하게 되었다. 그러나 효명세자가 일찍 병으로 죽으면서 이후 그 권력이 흔들리게 되었다. 그러나 효명세자의 어린 아들인 헌종의 외할아버지로서 다시 권력을 누리게 되면서 조만영의 가족인 풍양 조씨가 안동 김씨 대신 권력을 누리게 되었다. 그러나 그 가문 내에서 분열이 일어나면서 권력을 다시 안동 김씨들에게 내어주고 말았다.

의두합(창덕궁 기오헌, 서울 종로)
의두합은 창덕궁 후원 애련지 영역에 있던 순조의 아들인 효명세자의 공부방이다. 알록달록한 색을 칠하는 단청을 하지 않아 나무의 색이 그대로 드러나 있다. 지금은 기오헌이라 하는데, 효명세자가 순조 27년 세자로서 대리청정을 시작하면서 지은 건물이다.

철종 어진(국립고궁박물관)
철종은 사도세자의 서자인 은언군의 손자였다. 가족과 함께 강화도에 유배되었다가 이후 헌종의 뒤를 이을 왕족이 없자 왕위를 잇기 위해 왕궁으로 불려들여졌다. 그러나 정치에 어두웠던 철종은 임금이 된 후에도 정치를 제대로 하지 못했고, 안동 김씨의 세도 정치가 이 시기에 극에 달해 백성의 삶이 크게 어려워졌다.

다. 어린 나이에 임금이 되자 이틈을 타 헌종의 외할아버지인 조만영과 풍양 조씨 가문이 조정의 중요한 관직들을 차지하며 안동 김씨 가문과 치열한 권력 다툼을 벌이게 됐다.

조만영은 훈련대장, 호위대장 등 군대와 관련된 관직을 차지하여 안동 김씨가 함부로 대할 수 없는 세력을 형성해 갔다. 하지만 1846년에 조만영이 죽으면서 다시 권력은 안동 김씨 손에 넘어가게 됐다.

세도 정치가 극에 달했던 건 헌종 뒤에 임금이 된 철종 때였다. 헌종은 23살의 나이에 그 뒤를 이을 아들을 남기지 못하고 죽었다. 헌종의 뒤를 이을 왕족을 찾던 중에 안동 김씨의 눈에 띈 사람이 바로 철종이었다. 철종은 왕이 될 당시에 아버지 전계군의 귀양지인 강화도에 살고 있었는데, 왕족이라기보다는 글도 잘 모르는 가난한 농부에 가까운 삶을 살고 있었다. 아무런 준비 없이 갑작스럽게 임금이 된 철종을 대신하여 김문근·김좌근·김병국·김병학 등으로 대표되는 안동 김씨 가문이 정치를 도맡아 했다.

이렇게 순조와 헌종, 철종까지 60년이 넘는 시간 동안 세도 정치가 펼쳐지면서 조선 사회는 점차 국가 질서가 흔들리게 된다. 세도 정치가 잘못된 정치라는 건 노론 중에서도 일부 가문만이 나라를 장악하다시피 하였기 때문이다. 세도 정권을 감시하고 견제할 세력이 사라지면서 세도 정권의 벼슬아치들은 관리의 직책을 사고파는 일을 일삼았고, 사회 곳곳에서 부정부패를 저질렀다. 또 세도 정권은 지방 사회에서 점차 성장해나가던 상인들과 농민들을 수탈의 대상으로 여겨 백성들에게 많은 피해를 끼쳤다.

더 알아보기

다산 정약용의 하일대주(夏日對酒:여름에 술을 앞에 놓고)의 일부

근본 강령이 무너져버렸기에
만사가 따라서 꽉 막힌 것이지
한밤중에 책상을 치고 일어나
탄식하며 높은 하늘을 본다네
많고 많은 머리 검은 자들
똑같이 나라 백성들인데
무엇인가 거두어야 할 때면
부자들을 상대로 해야 옳지
어찌하여 피나게 긁어가는 일을
유독 힘 약한 무리에게만 하는가
군보라는 것은 대체 무엇인지
자못 좋지 않게 만들어진 법이야
일 년 내내 힘들여 일을 해도
제몸 하나 가릴 길이 없고
뱃속에서 갓 태어난 어린 것도
백골이 진토가 된 사람도
그들 몸에 요역이 다 부과되어
곳곳에서 하늘에 울부짖고
양근까지 잘라버릴 정도니
그 얼마나 비참한 일인가

무엇보다도 세도 정치가 이루어지던 때에 가장 크게 고통을 받았던 사람들은 가난한 농민들이었다. 각 지역을 다스리던 사또라 불리던 수령들은 세도 정권에서 보낸 사람들이 대부분이었다. 수령들 또한 돈을 들여 벼슬을 사서 온 사람들이 많이 있어서 자신이 벼슬을 사는 데 들인 돈뿐만 아니라 더 높은 자리를 사기 위한 돈을 마련하기 위해서라도 지방 농민들에게서 재물을 빼앗아야 했다. 조선 후기에 세도 정권에 맞서 농민들의 저항이 끊이지 않았던 것은 바로 이런 이유 때문이었다.

4. 대외 정세가 변화하다

1) 백두산 정계비를 세우다

조선 후기 동아시아 지역에서 가장 강력한 세력을 형성한 나라는 청나라였다. 1644년 베이징을 점령하여 명나라를 멸망에 이르게 한 청나라는 수도를 심양에서 베이징으로 옮기고 자신들의 본거지를 만주 지역에

봉금(封禁) 지대
사람들의 이주를 막아 사람이 살 수 없는 지역으로 만든 지역을 말한다. 청나라 사람들은 자신들의 정신적 고향인 만주를 지키려 봉금 지역을 만들었다.

서 중국 대륙의 중심부로 옮겨 갔다. 그래서 조선의 북쪽인 만주 지역은 봉금 지대가 되어 어느 누구도 일시적으로 다스리는 세력이 없는 상태가 되고 말았다.

17세기 말 조선 전역에 농사지을 땅을 활발히 개간하도록 하자, 조선의 북쪽 지역인 백두산 일대 지역에 대한 관심도 높아졌다. 이 지역으로 조선인들이 많이 옮겨 살게 되면서 조선인들과 청나라 사람들이 서로 충돌하는 사건이 점차 늘어갔다. 그러자 청나라는 조선과 청나라의 국경선을 분명히 하자며, 압록강과 토문강 일대를 조사하여 두 나라의 국경을 정하자고 제안해 왔다.

숙종 38년, 조선과 청의 관리들이 두 나라의 경계 주변 지역에 대한 조사를 했다. 이들은 조선과 청의 국경선을 서쪽은 압록강, 동쪽은 토문강으로 하기로 정하고, 그 내용을 비석으로 남겨 백두산에 세웠다. 이를 경계를 정한다는 뜻에서 백두산정계비라고 했다.

백두산정계비가 세워져 두 나라의 국경이 정해진 후 조선 정부는 북방 지역을 더욱 활발히 개발하기 시작했다. 조선은 백두산 일대의 정보

백두산 천지

를 수집한 끝에 조선과 청나라의 국경을 예전 두만강으로 정했을 때에 비해 정계비에서처럼 토문강으로 정할 때 조선이 더 넓은 영토를 차지할 수 있다는 것을 알게 됐다. 두만강을 넘어 토문강 지역까지 조선 백성들이 활발히 이주하면서, 조선 사람들이 예전보다 더 북쪽 지역으로 활발히 진출하였다.

이러한 역사적 배경 아래 국경 지역의 조선 백성들이 간도 지역으로 넘어가 토지를 개간하게 되었다. 이는 훗날 조선과 중국 사이에 간도를 둘러싸고 간도 영유권 문제가 벌어지게 되는 계기가 됐다.

2) 일본과 국교를 재개하다

조선 북쪽에 정묘년에 이어 병자년에 두 차례 걸쳐 전쟁을 치렀던 청나라가 있었다면, 남쪽에는 임진왜란을 거치며 그 관계가 멀어질 대로 멀어진 일본이 있었다. 임진왜란을 계기로 조선은 일본과의 관계를 완전히 끊어버렸다.

백두산정계비

烏喇總管穆克登	오라총관 목극등이
奉旨查邊	국경을 조사하라는 교지를 받들어
至此審視	이곳에 이르러 살펴보고
西爲鴨綠	서쪽은 압록강으로 하고
東爲土門	동쪽은 토문강으로 정하여
故於分水嶺上	강이 갈라지는 고개 위에
勒石爲記	비석을 세워 기록하노라

백두산정계비 위치(지도)와 파괴되기 이전 백두산정계비 모습(오른쪽 위), 그리고 백두산정계비 내용(오른쪽 아래)

동래부사 접왜사도 부분(국립중앙박물관)
조선 후기 조선과 일본의 외교 및 무역의 중심지 역할을 한 초량왜관에서 일본 사신이 조선 임금의 전패에 예를 올리는 장면이다.

임진왜란이 끝난 후 전쟁을 일으켰던 도요토미 가문이 몰락하고, 그 대신 일본의 새로운 지배자가 된 도쿠가와(德川) 가문의 지도자들은 조선과의 관계를 회복하려고 청했다. 조선은 임진왜란 때 강제로 끌려간 조선 백성들을 돌려받고자 일본의 요청을 받아들였다. 그리하여 조선 대표로 일본으로 간 승려 사명당 유정은 잡혀간 3,000여 명의 백성을 데리고 왔다.

또한 1609년(광해군 1) 때는 쓰시마를 다스리던 쓰시마 도주와 조약을 맺어 동래와 부산에 다시 왜관을 설치해주고, 무역을

통신사 행렬도(국사편찬위원회)
1711년(숙종 37)에 파견된 통신사 행렬도 가운데 정사가 지나가는 부분을 그렸다.

하게 해주었다(기유약조). 이때 조약 내용의 하나로 조선에서 일본으로 보내던 외교관인 통신사의 파견이 이루어지게 됐다. 물론 통신사 파견은 조선 전기에도 있었지만, 이후부터 조선은 1607년부터 1811년까지 총 12번에 걸쳐서 일본에 통신사를 보냈다. 임진왜란 직후 보낸 사절단의 명칭은 통신사가 아닌 '쇄답겸쇄환사'라 했는데 이는 도쿠가와 막부에 대한 경계 때문이었다. 통신사가 보내졌던 약 250여 년 간은 조선과 일본이 평화를 유지했었다. 일본은 막부의 장군이 바뀔 때마다 조선에 통신사를 보내줄 것을 요청하여, 새로 뽑힌 지도자의 권위를 국제적으로 인정받길 원했다.

통신사의 일행은 많게는 400~500명 수준이었는데, 일본에서는 많은 인원을 동원하여 통신사 일행을 맞아들였다. 통신사 일행은 부산까지 육로로 이동한 후 부산에서 배를 타고 일본에 이르렀는데, 대개 에도(江

기유약조
주요 내용은 다음과 같다. ① 쓰시마 도주에게 내린 세사미두(歲賜米豆)는 모두 100석으로 한다. ② 쓰시마 도주의 세견선은 20척으로 제한하고 특송선은 3척으로 하되, 세견선에 포함시켜 계산한다. ③ 수직인(受職人)은 1년에 한 차례씩 내조해야 한다 ④ 모든 입국왜선은 쓰시마 도주의 문인(文引 : 여행이나 통행을 허가하는 증명서)을 소지해야 한다. ⑤ 쓰시마 도주에게는 전례에 따라 도서를 만들어준다. ⑥ 문인이 없는 자와 부산포 외에 선박을 정박하는자는 적으로 한다. ⑦ 왜관의 체류 시일은 쓰시마 도주 특송선은 110일, 세견선은 85일, 그밖에는 55일로 한다.

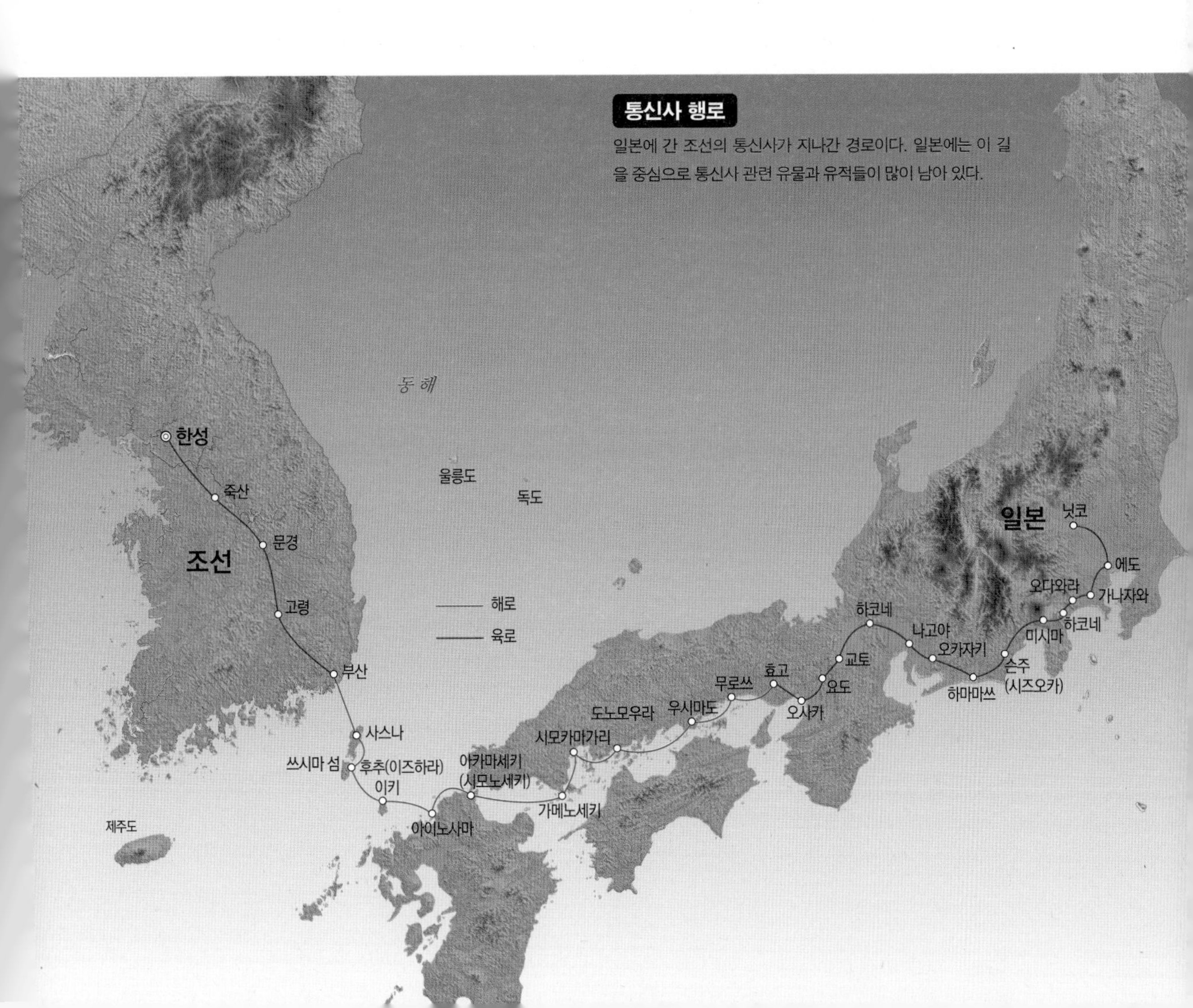

통신사 행로
일본에 간 조선의 통신사가 지나간 경로이다. 일본에는 이 길을 중심으로 통신사 관련 유물과 유적들이 많이 남아 있다.

戸)까지 왕복했다. 이들이 한 번 일본에 오가는 데는 5~8개월 정도의 기간이 걸렸다.

통신사는 조선의 임금이 일본에 보내는 외교 문서와 함께 인삼·호피·모시·붓 등을 일본에 주었다. 통신사 일행이 들르는 곳에는 일본의 지식인들과 문화인들이 찾아와 서로 교류하는 일이 벌어지곤 했다. 그리하여 통신사들이 방문한 곳마다 서화, 시문, 글씨 등이 오늘날까지 전해지고 있다.

그러나 19세기 일본에서는 일본 문화에 대한 국학 운동이 한층 발전하면서 점차 조선과의 교류의 문을 닫는 분위기가 일어났다. 특히 일본의 지식인들은 조선을 견제하려는 반한 감정을 퍼뜨렸다. 1811년, 마지막으로 일본에 보내진 통신사들은 일본 본토로 들어가지도 못하고 돌아오게 됐다. 이 일로 조선은 더 이상 통신사를 일본에 보내지 않았다.

마상휘호도(馬上揮毫圖)일본 개인 소장

일본인이 그린 그림으로 통신사 행렬 중 소동(小童)이 말 위에서 휘호를 써주고 있는 모습이다.

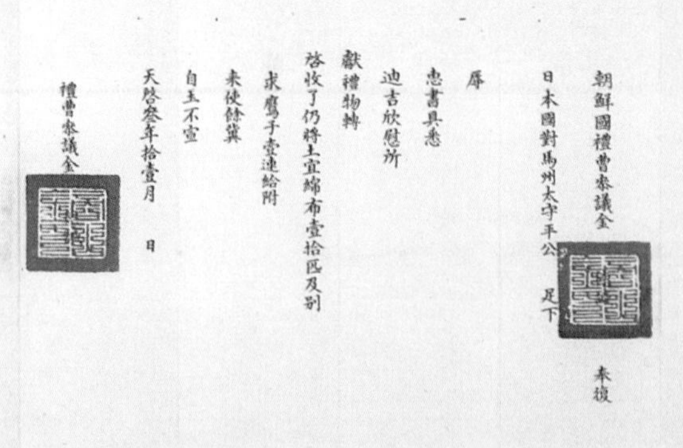

朝鮮國禮曹參議金

日本國對馬州太守平公 足下

奉復

辱

惠書具悉

迪吉欣慰所

獻禮物[illegible]

[illegible]收了仍將土宜綿布壹拾匹及别

求鷹子壹連給附

來使餘冀

自玉不宣

天啓叁年拾壹月 日

禮曹參議金

서계(국사편찬위원회)

조선 시대 일본과 내왕한 공식 외교 문서이다.

3) 독도

조선 후기 숙종 때 일본의 어민들이 울릉도와 독도를 침범해와 조선 어민들과 충돌하는 일이 벌어졌다. 이에 안용복은 울릉도에 나타난 일본 어민들을 몰아내고, 일본으로 건너가 울릉도와 독도가 조선의 영토임을 확인받았다.

그후에도 울릉도와 독도에 대한 일본 어민들의 침범이 계속되자 19세기 말 조선 정부는 울릉도에 군을 설치하고, 주민들을 옮겨 살게 했다. 이때 울릉도에 파견된 관리는 독도까지 관리하며 이 지역이 조선의 영토임을 분명히 했다.

안용복 동상(부산 수영)

독도의 명칭

『조선왕조실록』과 『동국여지승람』에 독도는 우산도 · 삼봉도 등으로 표기되어 울릉도와 함께 강원도 울진현에 소속되어 있다. 독도가 유럽에 알려진 것은 1849년 프랑스에 의해 리앙쿠르 암초로 불린 것이 처음이며, 일본은 1905년 시마네현 고시를 통해 독도를 다케시마(竹島)로 개정하고 불법적으로 그들의 영토로 편입시킨다고 발표했다.

06

신분 질서가 변화하고, 서민 경제와 민중 의식이 성장하다

진주 농민항쟁 기념탑(경남 진주)

1862년(철종 13) 2월 14일 삼정 문란과 경상도우병사 백낙신의 가혹한 수탈에 저항하여 유계춘 등이 농민들을 이끌고 경상도 진주 지역에서 일으킨 반봉건 농민 운동이었다. 이 탑은 2012년에 건립되었다.

고창 선운사 동불암지 마애여래좌상(전북 고창)

고려 초기에 만들어진 불상으로 마애불의 명치 부위에 비결이 들어 있어, 그것이 꺼내질 때 조선이 망한다는 설화가 전해진다.

1. 신분 질서가 흔들리다

1) 양반들의 지위가 흔들리다

조선의 신분 제도는 법적으로는 양인과 천인으로 구분하는 양천제를 따랐다. 하지만 실제로는 백성들 사이에서는 신분이 양반·중인·상민·천민의 네 신분으로 구분되어 있었다. 이렇게 신분을 구분하는 것에 대해 성리학에서는 사람이 타고난 역할이 있다 하여 정당하게 여겼다. 그런데 조선 후기로 들어오면서 사회적으로 가장 신분이 높았던 양반들의 지위가 변화하면서 신분 질서는 점차 흔들리게 됐다. 특히, 두 차례의 전쟁을 거치면서 신분의 변화가 일어나기도 했다.

원래 조선 초의 양반은 실제로 벼슬을 하는 관리들, 즉 문반과 무반을 합쳐서 부르는 말이었다. 그러니 양반의 숫자는 매우 적을 수밖에 없었다. 하지만 점차 시간이 흐르면서 꼭 벼슬이 없어도 성리학을 공부하는 학자(유학)나 과거 시험의 첫 단계인 소과를 통과한 생원, 진사, 그리고 관리의 친척들까지도 양반이라고 불렀다.

생원과 진사
조선 시대 과거에서 소과(사마시)에 합격한 사람에게 주던 명칭으로 이들은 성균관에 입학할 수 있으며, 대과에 응시할 자격을 주었다. 조선 시대 500여 년간 배출한 생원·진사는 약 4만 5,000여 명으로 추정하고 있다.

그러다보니 양반이라 불리는 사람들의 숫자가 많이 늘어났다. 이들은

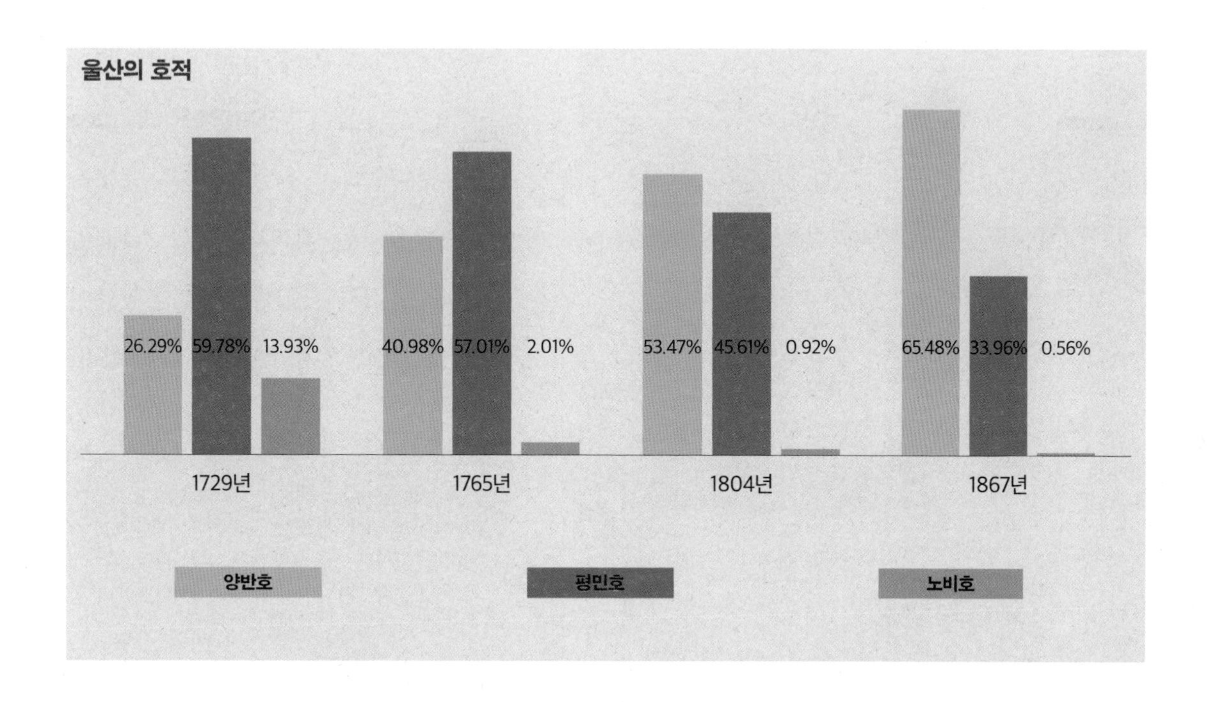

각자 가문의 족보를 만들어서 자기 가문이 관리를 얼마나 배출했으며, 가문에 얼마나 유명한 인물들이 많은 지를 기록했다. 이러한 일은 자기 가문을 자랑하기 위해서였다.

조선 후기로 가면서 붕당이 형성되어 양반들 간의 치열한 권력 다툼이 벌어졌고, 그 과정에서 오직 소수 양반들만이 권력을 누리게 됐다. 1800년대 이후 세도 정치가 나타나면서 일부 가문들이 중요한 관직을 차지했고, 나머지 붕당들에 속한 양반들은 벼슬에 오르기가 더 어려워졌다. 중앙 정치에서 밀려난 양반들은 자기 고향에서만 권력을 유지하는 향반이 되거나, 더욱 몰락하여 '잔반(殘班)'이라 불리는 몰락 양반이 되고 말았다.

몰락한 양반들은 스스로 농사를 짓거나, 남의 땅을 빌려 농사를 지어야 했다. 게다가 조선 사회에서 천하게 여겨졌던 상업이나 수공업과 관련된 일까지 하여야 했다. 조선 후기에 와서 일반 백성들은 예전에 비해 양반들의 지위가 자신들과 비슷하거나 오히려 더 못한 삶을 살게 되는 걸 보며 새로운 신분 의식을 지니게 되었다.

단원(김홍도) 풍속도첩 자리짜기(국립중앙박물관)
양반 신분을 상징하는 사방관을 쓴 남자가 자리를 짜고 있다. 그 뒤에 아내는 실을 짜고 있다. 한데 뒤 편에 아이는 공부하고 있다. 아마도 자식과 가문의 미래를 위해 어려운 살림에도 공부를 시켰을것이다.

2) 많은 사람이 양반이 되고자 애쓰다

양반들의 권위가 떨어져가는 데도 불구하고 많은 농민은 양반이 되고자 했다. 양반의 가장 큰 특권은 군역을 면제 받았나는 것이다. 조선 시대 양반들은 관리가 되기 위해 학생 신분이 되면 군대에 가지 않아도 되었다. 따라서 백성들이 군대에 직접 가서 훈련을 받고 나라를 지키거나, 군대를 운영하는 비용을 세금으로 냈던 반면 양반들은 그러한 세금을 낼 필요가 없었다. 그래서 많은 농민은 온갖 방법을 동원하여 양반이 되고자 했었던 것이다.

양반이 되는 방법은 크게 합법적인 방법과 불법적인 방법이 있었다. 우선 합법적인 방법으로는 납속과 공명첩을 받는 방법이 있었다. 납속은 나라에 전쟁이 나거나 흉년이 들어 나라 살림이 어려울 때 백성들에게 돈이나 곡식을 받고 일정한 벼슬을 내려주거나 군역을 면해주는 제도였다.

이와 비슷하게 나라에서는 '이름과 관직이 쓰여있지 않은 문서'를 뜻하는 공명첩을 발급하기도 했다. 즉 공명첩은 백성들이 나라에 곡식을 바치면 그 자리에서 바친 사람의 이름을 문서에 채워 넣어 벼슬을 내려주는 명예직 임명장이었다.

본래 납속과 공명첩의 발급은 임진왜란 때 군사들의 식량난 해소를 위해 임시로 실시됐다. 그러나 전쟁이 끝난 후에도 나라 살림이 어려울 때마다 수시로 실시했다. 또한 전쟁 중에 공을 세워 양반이 된 사람들도 많았으므로 조선 후기 양반의 숫자는 급속도로 늘어날 수밖에 없었다.

공식적으로 나라에서 허락한 방법 말고도 양반이 되기 위한 불법적인 방법도 있었다. 여기에는 주로 양반 호적을 위조하여 족보를 구입하는 방법이 많이 사용되었다고 한다. 농사에 힘써 부자가 된 농민들 중에서도 고을의 수령이나 수령 아래 향리들에게 뇌물을 주어 신분을 양반으로 바꾸었다. 또 과거에 합격한 사람에게 주는 홍패를 위조하여, 조상들 중에 과거에 합격한 사람이 있다는 식으로 양반 신분을 얻은 사람들도 있었다.

그러나 백성들 중에 양반이 되는 사람

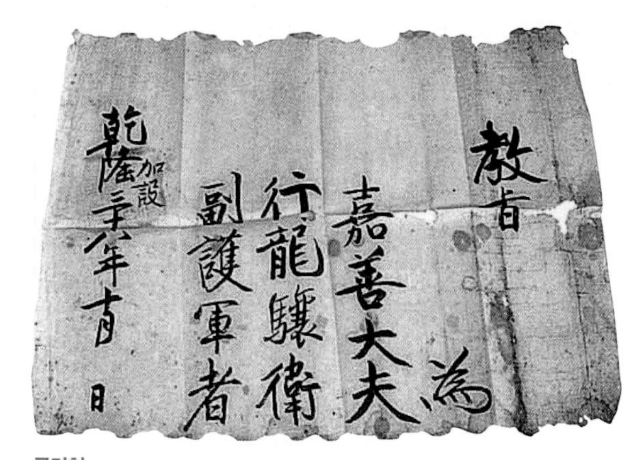
教旨
嘉善大夫爲
行龍驤衛
副護軍者
乾隆 加設
年 月 日

공명첩
국가의 재정을 보충하기 위해 부유층으로부터 돈이나 곡식을 받고 팔았던 명예직 임명장으로 임진왜란 이후 생겨났다.

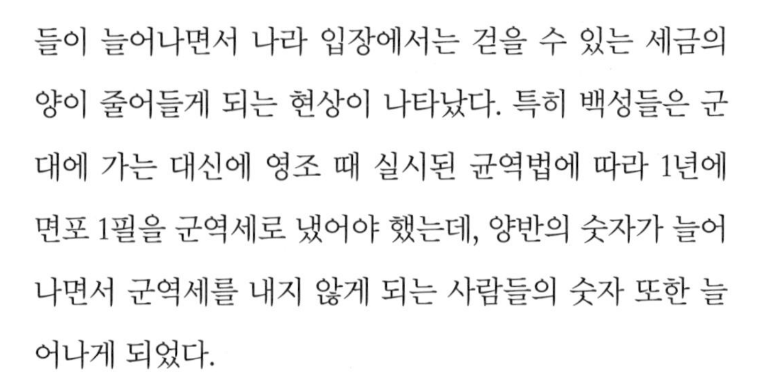

들이 늘어나면서 나라 입장에서는 걷을 수 있는 세금의 양이 줄어들게 되는 현상이 나타났다. 특히 백성들은 군대에 가는 대신에 영조 때 실시된 균역법에 따라 1년에 면포 1필을 군역세로 냈어야 했는데, 양반의 숫자가 늘어나면서 군역세를 내지 않게 되는 사람들의 숫자 또한 늘어나게 되었다.

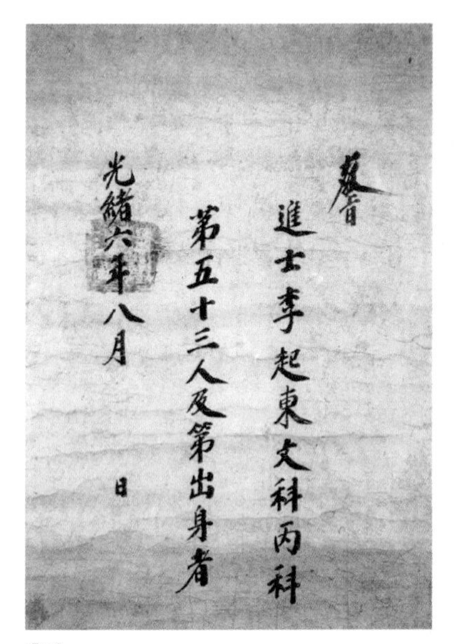

홍패
과거에 합격한 것을 증명하는 증서를 홍패라고 했다. 조선 후기 때 양반 신분을 불법적으로 얻고자 했던 사람들이 홍패를 위조하기도 했다.

3) 서얼과 중인, 상민, 노비들이 신분 상승을 위해 노력하다

일부 백성들이 양반으로 신분 상승하는 것을 보면서 전문 기술을 가지고 있지만 양반에 비해 신분이 낮았던 중인들과 반쪽 자리 양반이란 서러움을 겪던 서얼들 또한 자신들의 신분 상승을 위해 노력했다. 특히 서얼들은 어머니는 정식 부인이 아니나 아버지는 양반들이었으므로, 양반이 되고자 하는 마음이 다른 누구보다도 컸다.

박제가(1750년~1805년)
18세기 대표적인 실학사상가로 양반 가문의 서자로 태어났다. 신분적 제약으로 차별대우를 받았지만, 정조 때 규장각 검서관이 되어 관직에 올랐다. 그가 남긴 『북학의』는 청나라를 시찰하고 돌아와 지은 책으로 청의 문물을 받아들일 것을 주장했다.

서얼 출신으로 정식 관리가 된 대표적인 인물로 박제가를 꼽을 수 있다. 그는 본래 양반 가문의 서얼 출신이었는데 정조가 그 능력을 인정하여 규장각의 검서관이란 자리를 내려주었다.

이후에도 서얼들의 신분 상승을 위한 노력은 계속되어 마침내 1851년(철종 2)에는 서얼들이 문과 시험에 응시하여 합격하면 벼슬에 오를 수 있도록 그 길을 열어주었다. 서얼들의 노력으로 자기들의 지위를 높이자 여기에 자극 받은 중인들 또한 자신들도 문관에 오를 수 있는 길을 열어달라고 했지만 받아들여지지 않았다. 서얼들의 아버지들은 직위가 높은 양반 출신들도 있었지만 중인들은 그렇게 의지할 만한 사람들이 많지 않았기 때문에 신분 상승에는 일정한 한계가 있었다.

조선 후기 상민들의 신분 상승을 위한 노력과 함께 노비의 신분 상승 운동도 활발히 이루어졌다. 노비들 중에 일부는 납속을 통해 천민의 신분을 벗고 상민이 되기도 했다. 하지만 노비가 많은 재산을 모으기는 힘들었으므로 이런 경우는 드물었다. 보통 많은 노비는 도망을 가서 신분에서 벗어나고자 했는데, 이들은 주로 도시나 광산에 숨어들어가 신분을 감추고 살아갔다. 그러나 국가는 이러한 도망 노비들를 찾아 나서 원주인에게 되돌려보냈다.

국가에 세금과 군역을 지던 상민들의 숫자가 줄어들자 나라에서도 노비들을 풀어주고, 상민으로 신분을 상승시켜주려고도 했다. 1731년(영조 7)에 영조는 어머니가 노비인 경우에만 자식을 노비로 삼고(노비종모법), 노비인 아버지와 상민인 어머니 사이에서 태어난 자식은 노비로 삼지 않도록 했다. 그러나 이런 경우는 매우 드물었다.

1801년에 순조는 나라에 소속된 66,000여 명의 공노비들을 풀어주었는데 이를 공노비 해방이라고 한다. 이러한 조치들은 세금을 걷을 수 있는 상민들의 숫자를 늘리려고 한 노력들이었다.

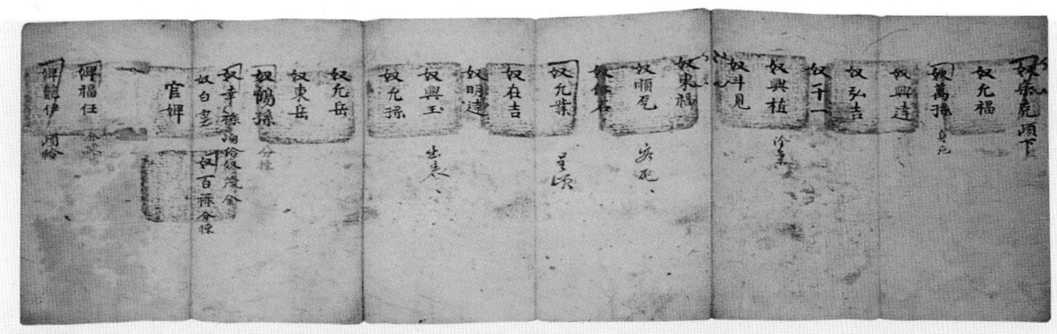

노비안

공노비는 왕실과 국가 기관에 소속되어 일을 하던 최하층 신분이다. 이들의 자식들도 같은 관아에 소속되었다. 노비안은 노비들의 명단이다.

더 알아보기

공노비 해방

왕이 윤음을 내렸다. "우리나라의 내수사와 중앙 각 관청이 노비를 소유하고 전해 내려오는 것을 기자(箕子)에서 비롯되었다고 하나, 나는 그렇게 보지 않는다. … 임금이 백성을 볼 때는 귀천이 없고 남녀 구별 없이 하나같이 적자다. '노(奴)'다 '비(婢)'다 하여 구분하는 것이 어찌 같은 동포로 하는 뜻이겠는가. 내노비 36,974명과 시노비 29,093명을 양민이 되도록 허락하고 승정원에 명을 내려 노비 문서를 모아 돈화문 밖에서 불태우도록 하라."

『순조실록』 권2, 원년 1월 을미

2. 농업과 상공업이 크게 발전하다

모내기(김홍도)

1) 모내기법으로 농업에 변화가 일어나다

조선 후기에 들어오면서 양 난, 즉 왜란과 호란 등을 겪으면서 황폐해졌던 논과 밭이 점차 개간되었다. 또한 농경지에 물을 안정적으로 공급해 주기 위한 저수지와 같은 수리 시설이 다시 마련됐다. 이와 함께 각종 농기구가 개량되고 시비법이 발전하면서 농업 생산량이 크게 늘어나게 됐다. 특히 모내기법이라고도 하는 이앙법이 논농사에 적극 도입되면서 쌀의 생산량이 크게 늘어났다.

이앙법은 쌀의 생산량을 늘리는 데에만 영향을 준 게 아니라 사회와 경제에도 큰 영향을 끼쳤다. 이앙법을 통해 농사를 지으면 우선 김매기하는데 필요한 일손이 줄어들게 된다. 그 결과로 예전에 비해서 한 사람이 농사를 지을 수 있는 땅의 면적이 늘어난다.

본래 조선 시대에는 땅을 많이 가진 지주들이 자신이 넓은 땅을 다 농사지을 수 없으니 일정한 땅을 농민들에게 빌려주어 농사를 짓도록 한 다음 수확량의 일부를 농토를 빌려준 대가로 받았다. 이런 방법을 소작이라고 한다. 지주는 땅을 빌려준 후에 수확량의 절반을 땅을 빌려준 대가로 받아갔는데(타조법), 조선 후기로 오면서 땅주인과 소작농 사이에 소작료를 미리 약속한 일정한 양을 지주에게 대가로 주는 소작 방법(도조법)이 유행하였다. 이러한 변화는 지주와 소작농 각자의 입장과 일치했다. 수확량의 절반을 지주가 가져가도록 약속했을 때는 소

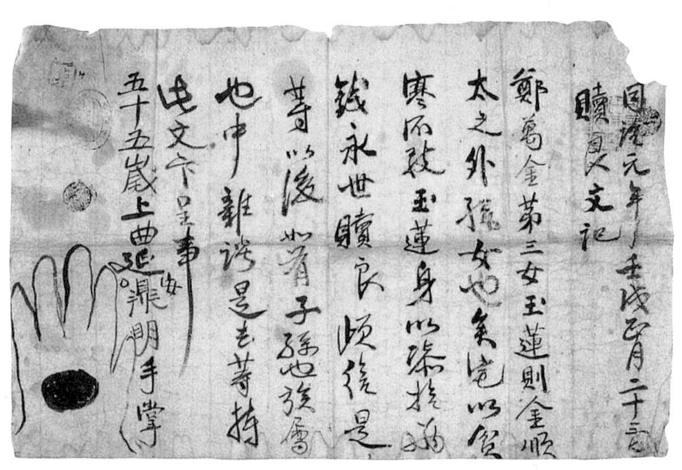

돈을 받고 노비를 양인으로 풀어 준 문서(속량문서)

작농들이 수확한 농작물을 숨긴 후 수확량을 줄여서 지주에게 알리기도 했다. 하지만 일정양을 댓가로 주기로 약속하면서는 소작농은 더욱 열심히 농사를 지어 생산량을 늘리고자 했고, 지주 또한 소작농을 감시해야 할 필요가 줄어들게 됐다.

게다가 모내기법으로 농사를 짓게 되면서 지주들이 굳이 소작을 주지 않고 노비나 일꾼을 부려서 직접 농사를 짓는 변화가 일어났다. 이러한 변화에 따라 농촌에서는 넓은 땅을 직접 농사짓는 부자들이 생겨났고, 반면에 소작을 할 수 없게 된 가난한 농민들은 농사지을 땅을 잃게 되어 어려운 생활을 하게 됐다.

한편, 농민들 중에 일부 넓은 땅을 가진 사람들은 땅의 일부에 쌀 대신에 상품 작물을 심었다. 왜냐하면 모내기법으로 똑같은 땅에서 더 많은 양의 쌀을 얻을 수 있게 됐으므로, 굳이 전체 땅에 쌀농사를 지을 필요가 없어진 것이다. 그러니 일부 농민들은 쌀농사를 짓던 일부 땅에 각종 채소와 담배,

누숙경직도(국립중앙박물관)
경직도란 농사짓고, 누에치고 비단을 짜는 일을 그린 그림이다. 한편, 누숙은 남송의 화가 이름으로 그가 왕에게 그려 바쳤다고 해서 붙여진 이름이다.

단원(김홍도) 풍속도첩 논갈이(국립중앙박물관)
소를 이용하여 논을 갈아 엎는 장면을 그린 그림이다. 논을 갈아 엎으면 땅 속에 영양분이 많은 흙이 위로 올라오게 되어 농사를 잘 지을 수 있었다.

인삼밭

19세기 조선 주재 외교관이었던 칼스(W.R.Carles)의 한국 소개 책자에 실린 김준근의 풍속화이다. 인삼밭의 모습과 그것을 지키는 사람이 잘 표현됐다.

인삼 경작

인삼, 과일, 약초 등을 기른 후 시장에 가져다 팔게 됐다. 특히 인삼은 청나라에서 인기를 끌어서 조선의 중요한 수출 물품 중 하나였다.

이렇듯 조선 후기 농촌 사회는 많은 변화가 일어나 시장에는 다양한 농산물들이 거래됐다. 이러한 변화로 큰 돈을 번 상인들이 생겨나면서, 농민들이 도시로 가서 상업에 종사하게 되는 일이 일어났다. 또한 농촌에서 농사지을 땅을 잃은 농민들은 광산이나 포구의 임노동자가 되는 일이 많아졌다. 즉 농촌에서 할 일이 없어진 농민들이 수공업과 광업,

더 알아보기

상품 작물의 재배

농민이 밭에 심는 것은 곡물만이 아니다. 모시, 오이, 배추, 도라지 등의 농사도 잘 지으면 그 이익이 헤아릴 수 없이 많다. 도회지 주변에는 파밭, 마늘밭, 배추밭, 오이밭 등이 많다. 특히, 서도 지방의 담배밭, 북도 지방의 삼밭, 한산의 모시밭, 전주의 생강밭, 강진의 고구마밭, 황주의 지황밭에서의 수확은 모두 상상등전(上上等田)의 논에서 나는 수확보다 그 이익이 10배에 이른다. 요즘은 인삼도 모두 밭에 재배하는데, 이익이 천만 전이나 된다고 하니 토지의 질로써 말할 수 없다.

『경세유표』, 「진제」 11, 정전의 3

상업에 종사하여 그 숫자가 점차 늘어났다.

2) 민영 수공업이 발전하다

조선 전기에는 주로 관청에 소속된 기술자들에 의해서 수공업이 이루어졌다면 조선 후기로 오면서는 일반 백성들이 운영하는 민영 수공업이 발전했다. 임진왜란과 병자호란을 거치면서 나라에서 운영하는 수공업장들이 많이 쇠퇴했다. 때문에 나라에서는 수공업장을 직접 운영하기보다 수공업자들이 나라에 장인세라는 세금을 내고 직접 수공업장을 운영하도록 했다. 18세기 중엽 쯤에는 이렇게 나라에 장인세를 내고 자유롭게 활동하는 장인들이 많이 늘어났다.

일반 백성들이 운영하는 민영 수공업이 더욱 성공하게 된 데에는 대동법의 영향이 컸다. 조선 시대 백성들이 내던 세금 중에는 나라에서 필요한 물건들을 각 지방의 토산물을 기준으로 공물의 품목을 정해주어

동그릇 만들기(김준근, 조선풍속도 대장간)
대장간에서 쇳물을 이용하여 동그릇을 만들고 있다.

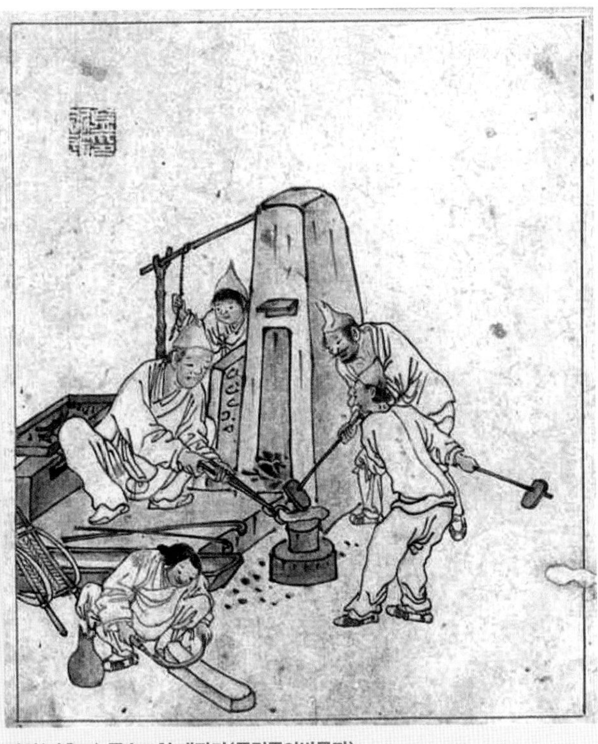

단원(김홍도) 풍속도첩 대장간(국립중앙박물관)
대장간에서 공동 노동으로 작업하는 모습을 그렸다.

유기전(농업박물관) 모형
유기전은 놋그릇을 전문적으로 팔던 가게이다.

특산물을 바치게 했던 공납(貢納)이란 세금이 있었다. 한데 백성들이 공납을 내기 위한 물건을 직접 구해 바치기에는 많은 어려움이 따랐다. 그래서 광해군 때 경기 지역을 시작으로 특산물 대신에 쌀로 1결 당 12두씩 바치도록 했는데, 이러한 제도를 대동법이라고 했다. 대동법은 일제히 실시되지 않고 거의 100여 년 동안에 걸쳐 확대 실시되었고, 함경도와 평안도, 제주도는 잉류 지역이라 하여 시행되지 않았다.

잉류 지역
조선 시대 조세미를 중앙의 경창으로 옮기지 않고 해당 지역에서 군사비나 접대비 등으로 쓰도록 설정한 지역을 말한다.

숙종 때 김육의 건의로 대동법이 전국적으로 실시되면서 조선 정부에서는 세금으로 걷은 쌀을 공인이라는 어용 청부 상인을 통해 그 대가를 민영 수공업자들에게 주고 필요한 물건을 주문하여 받았다. 예전에는 각 지역에서 받은 공납으로 정부에서 필요한 물건을 채웠지만, 이제는 필요한 물건을 직접 주문하여 얻을 수밖에 없게 되었다. 그러니 민영 수공업자들의 일거리가 늘어나게 됐다. 이런 변화 덕분에 도시를 중심으로 많은 수공업자들의 가게들이 생겨났고, 여기서 놋쇠 그릇인 유기를 비롯하여 각종 농기구, 옷감 등이 만들어졌다.

3) 민간에서 광산을 개발하다

조선 후기 수공업에서 개인의 자유로운 활동을 보장해 준 것과 함께 광산 개발 또한 활발해졌다. 원래 광산은 정부에서 독점하여 농민을 동원하여 필요한 광물을 채굴하였다. 그러나 17세기 중반부터는 개인이 광산을 직접 개발할 수 있는 사채를 허락해 주었다. 나라에서는 광산을 개발하도록 허가해준 대가로 세금을 받아갔다.

광산업은 청나라와의 무역이 점차 활발해지면서, 청나라와 거래할 때 교환 수단으로 쓰던 은의 인기가 늘어나면서 더욱 발전하였다. 그리하

사금 채취
금을 포함한 광석이 풍화 작용 등으로 붕괴되어 모래나 자갈과 함께 개울이나 강에 침전되어 있는 것을 쌀을 일 듯 채로 쳐서 금을 골라내는 채취방법이다.

광산 모형도(울산박물관)
조선 후기 광산의 모형이다.

여 17세기 말에는 거의 70여 개의 은광이 개발됐고, 강가에서 얻는 사금 채취 광산들도 많이 늘어났다.

이러한 변화로 많은 농민들이 일자리를 찾아 광산으로 몰려 들었다. 정부에서는 농민들이 한번에 돈을 벌려고 광산에 오는 걸 막기 위해 여러 정책을 폈다. 그러나 한 번 광산 개발에 성공하면 엄청난 이익을 얻었으므로 정부 몰래 금광과 은광을 개발하는 '잠채'가 성행해 큰 돈을 번 사람들이 생겼다.

4) 상품 화폐 경제가 발전하다

조선 후기 때 상업 또한 발전했다. 이는 농업 생산력과 수공업의 생산량이 늘어나는 등 나라 전반에 걸쳐 상품이 늘어나게 된 영향이 컸다. 이때는 인구도 점차 증가하였으므로 많은 사람들이 도시로 옮겨 오게 되었다. 예전 농사를 짓던 사람들이 상업과 수공업에 종사하게 되는 변화가 일어났던 것이다.

본래 조선 정부는 상업을 엄격하게 통제하여 허가를 맡은 상인들만 상업을 할 수 있게 해 주었었다. 그런데 이렇게 나라에서 엄격하게 통제한다고 해도 물건을 자유롭게 거래하고자 하는 이들의 생각까지 막을 수는 없었다. 그래서 16세기에 이르러 난전이라고 하여 허가받지 않은 상인들이 도시 주변에서 물건을 사고파는 일이 늘어나게 됐다. 이들 중에 일부는 크게 성공하여 부유한 상인이 되기도 했다.

그러자 나라에 허가를 얻고 장사를 하던 시전 상인들과 난전을 꾸려 장사를 하던 자유 상인(사상)들끼리 다툼이 일어나게 됐다. 나라에서는 시전 상인에게 도성안에서 허가를 받지 않고 장사를 하는 난전 상인들의 상업 활동을 금할 수 있는 금난전권을 부여했다. 그러자 위기에 처한 난전 상인들이 강력히 반발했고, 자신들도 장사를 할 수 있게 나라에서 허가 해주도록 건의했다.

조선 후기에 이르러 상업 활동이 더욱 활성화 됨에 따라 종전대로 난전상인들의 상행위를 막을 수 만은 없게 되었다. 이에 정조는 1791년 육의전을 제외하고 나머지 시전 상인들의 금난전권을 폐지하였다. 이로써 비단·무명·명주·종이·모시·생선을 뺀 나머지 물건들에 대해서는 서울에서 자유롭게 장사를 할 수 있도록 허락해 주었다. 이를 신해통공(1791년)이라 한다.

이현·칠패
조선 시대 서울 시내에 있던 난전으로 칠패는 오늘날의 남대문 밖에 있었고, 이현은 동대문 밖에 있었다. 18세기에 이현과 칠패는 종로와 더불어 서울에서 가장 큰 상업 중심지였다. 특히 칠패는 어물전(생선가게)이 규모가 가장 컸다.

한편, 스스로 물건을 사고팔며 장사를 하는 일반 백성들을 사상이라고 불렀다. 이들 사상들은 한양에서 동대문 밖의 이현과 남대문 밖의 칠패라는 지역과 종로 근처 지역 등 3대 지역에 상가를 만들어서 활발히 활동했다. 또한 한양뿐만 아니라 전국의 지방 장시, 즉 시장들을 연결하여 물건을 사고팔았고, 전국 각지에도 가게를 만들어서 물건을 팔기도 했다.

칠패 시장터(서울 중구)

한양 남대문 밖 칠패 시장의 모습

일부 사상들은 다른 나라들과 무역에도 참여했다. 이들 사상들 중에 조선 후기에 가장 성장한 대표적인 상인들로는 서울의 경강 상인, 개성의 송상, 의주의 만상, 평양의 유상, 동래의 내상 등이 있었다.

경강 상인은 주로 한강을 이용하여 서해와 남해안의 가까운 바다를 오가며 세금으로 거둔 쌀을 한양으로 실어날랐다. 또한 소금과 새우젓 등의 해산물을 거래하여 큰 이익을 거두기도 하였는데. 이들은 뚝섬·양화진·마포나루 등에 있던 나루터를 이용하여 활동했다.

보부상(김준근, 조선풍속도)
보부상은 보상과 부상을 일컫는 말로, 보상은 봇짐장수로 주로 비녀 · 빗 등의 작은 물품을, 부상은 등짐장수로 주로 짚신 · 항아리 등의 큰 물품을 취급했다. 부보상이라고도 한다.

개성의 송상은 전국에 송방이란 지점을 설치하여 조직적으로 장사를 했다. 이들은 주로 인삼을 재배하여 판매했는데, 품질 좋은 인삼을 청나라와 일본 등에 팔아 큰 이익을 거두었다.

이러한 상업 발달에 힘입어 각 지역에는 장시라 하여 전국 1,000여 개에 가까운 시장들이 생겨났다. 장시는 보통 5일마다 열리는 5일장이 많았는데, 인근 주민들이 농산물과 수공업 제품을 가져와 서로 사고팔았다. 각 지역의 장시들에서 물건을 사서 다른 장시에 팔던 상인들도 생겼는데 이들을 보부상 또는 부보상이라고 한다.

많은 양의 물건들을 배로 운반할 일이 늘어나면서 강가와 바닷가의 포구에서 상업이 발달했다. 이러한 포구에서는 일반 장시보다 훨씬 규모가 큰 물건들이 거래되었다. 경강 상인들이 주로 포구를 이용하여 장사를 했다. 포구에는 각 지방에서 실려 온 물건들을 사는 사람과 파는 사람들을 연결해 주는 중개업과 돈을 빌려주는 금융업, 상인들이 묵었다 갈 수 있도록 해주는 숙박업 등

양화진 나루터(서울 마포)
한강의 조운을 통하여 삼남 지방에서 올라온 세곡(稅穀)을 저장했다가 재분배하는 곳이었다. 한양에서 강화로 가는 교통의 요지이기도 했다.

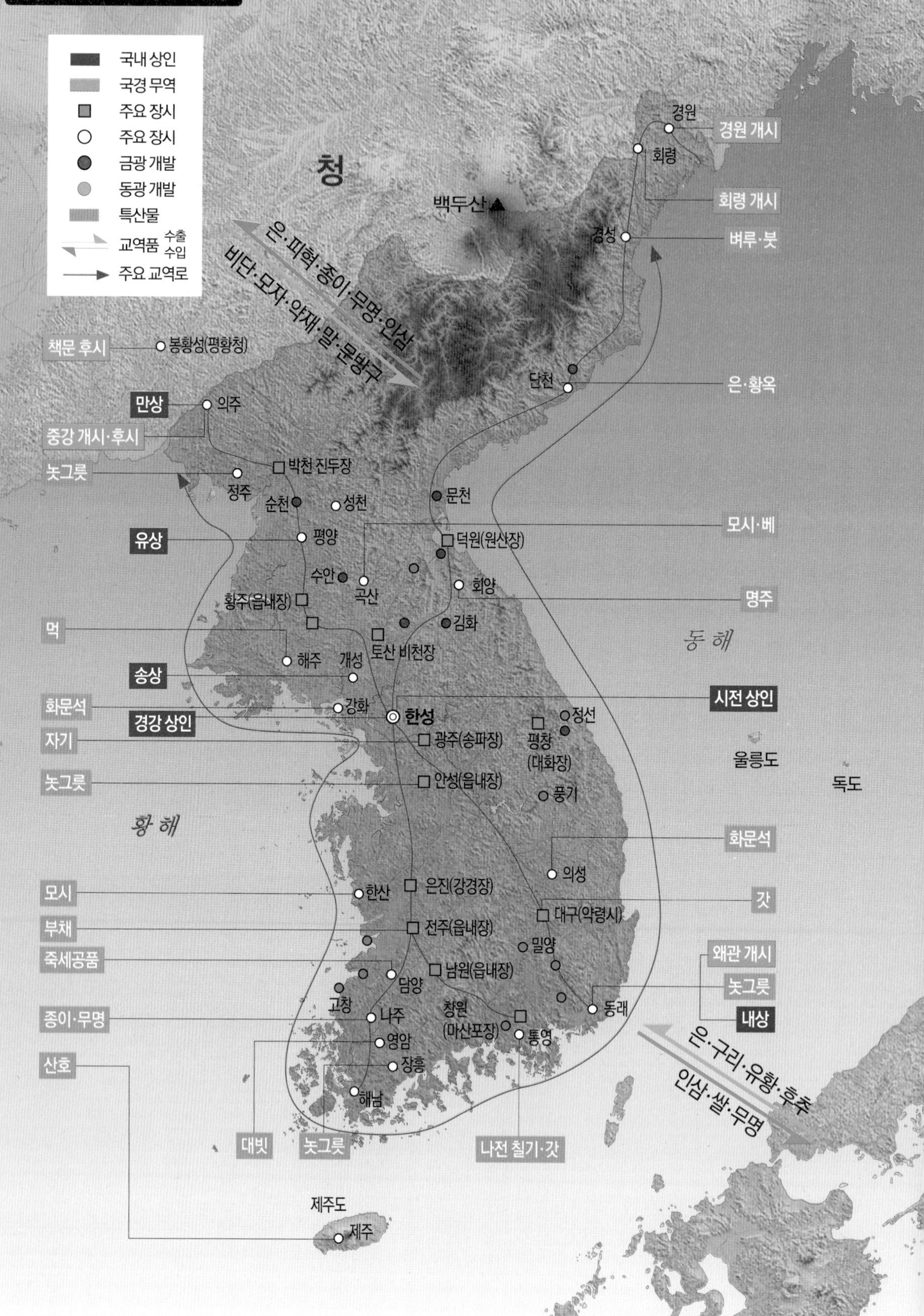

조선 후기의 상업과 무역 활동
국내 상인
국경 무역
주요 장시
주요 장시
금광 개발
동광 개발
특산물
교역품 수출 수입
주요 교역로
청
백두산
은·피혁·종이·무명·인삼
비단·모자·약재·말·문방구
경원
경원 개시
회령
회령 개시
경성
벼루·붓
단천
은·황옥
책문 후시
봉황성(평황청)
만상
의주
중강 개시·후시
놋그릇
박천 진두장
정주
순천
성천
문천
유상
평양
덕원(원산장)
모시·베
수안
곡산
회양
명주
황주(읍내장)
김화
먹
토산 비천장
해주
개성
동 해
송상
시전 상인
화문석
강화
한성
경강 상인
정선
자기
광주(송파장)
평창 (대화장)
울릉도
독도
놋그릇
안성(읍내장)
풍기
황 해
화문석
의성
모시
한산
은진(강경장)
갓
대구(약령시)
부채
전주(읍내장)
밀양
왜관 개시
죽세공품
담양
남원(읍내장)
놋그릇
고창
동래
내상
종이·무명
나주
창원 (마산포장)
통영
영암
은·구리·유황·후추
산호
장흥
인삼·쌀·무명
해남
대빗
놋그릇
나전 칠기·갓
제주도
제주

에 종사하는 객주와 여각이 점차 늘어났다.

정부에서는 이렇게 활발해지는 상공업을 뒷받침 해주기 위해 편리한 교환 수단인 화폐를 만들어 백성들이 사용하도록 해주었다. 숙종 4년에 만들어진 '상평통보'라는 동전은 18세기 후반에 전국적으로 널리 쓰였다. 고려 때부터 정부에서 화폐를 발행하여 쓰도록 했지만 백성들은 쌀, 옷감을 통해 물물 교환을 하는 방법에 익숙해져 있어서 화폐를 잘 사용하지 않았었다.

하지만 대동법의 시행으로 18세기 후반부터는 쌀로 걷던 세금을 동전으로도 내도록 했다. 또 소작료로 내던 쌀 또한 돈으로 내도록 하면서 점차 상평통보가 널리 사용되었다. 나라에서도 동전 사용을 점차 늘려가면서 예전의 쌀, 옷감과 같은 현물 화폐 대신 동전과 같은 명목 화폐가 쓰이는 변화가 일어났다.

동전이 활발하게 사용되면서 일부 부작용이 생기기도 했다. 일부 부자들과 상인들이 동전을 유통시키지 않고, 일부 사람들은 자기 재산을 간편하게 보관하기 위해 동전을 사용하지 않고 땅에 묻거나 집에 보관하고 있었던 것이다. 원래 돈은 여러 사람의 손을 거치며 계속 돌고 돌아야 그 본래의 기능을 하는 건데, 그러지 못하고 자꾸만 찍어낸 돈이 중간에 사라져 유통되지 않은 문제가 나타났다. 이런 동전이 부족한 현상을 '전황'이라고 했다. 전황 때문에 일부 사람들은 동전을 아예 없애 버리자는 주장을 하기도 했다.

마포 나룻터(서울 마포)
마포의 원래 이름은 '삼개'였다고 한다. 양화와 마찬가지로 삼남 지방에서 올라온 곡식을 나누던 곳이었다.

더 알아보기

상평통보(常平通寶)의 발행

상평통보는 인조 때 처음 만들어진 이래로 숙종 때 가서 전국적으로 사용되면서 이후 고종 때까지 200년 동안 우리나라의 중심 화폐가 되었다. 전국적으로 유통된 최초의 화폐이다. 상평통보의 단위는 1푼이 기본이었고, 10푼이 1전이고, 10전이 1냥이었다. 상평통보의 발행은 정조 때 호조라는 관청에서 전담하도록 하였다. 하지만 점차 만드는 곳이 다양해져 순조 때에는 중앙과 지방의 관청에서도 수시로 발행되어 관리 체제가 무너지기 시작했다. 나라에서는 상평통보의 상(常)자에서도 알 수 있듯이 항상 공평하게 사용해야 한다는 뜻과 아울러 떳떳하게 차별없이 사용하라는 뜻에서 이름이 지어졌다고 한다.

상평통보의 앞면(왼쪽)과 뒷면(오른쪽)

전황(錢荒)

호조판서 이성원이 아뢰되 "종전에 허다하게 주전한 전화는 결코 그 해에 한꺼번에 쓸 리가 없으며, 경외(京外) 각 아문의 예비 재정도 어제 오늘 일이 아닌데 최근 전황이 더욱 심하니, 신의 생각에 이것은 부상대고가 때를 타서 화폐를 숨겨 반드시 이익을 노리고자 한 것으로 보입니다."

『비변사등록』 정조 6년 11월 7일

동전꾸러미(국립중앙박물관)

더 알아보기

조선의 상권을 지배한, 김만덕과 임상옥

조선 시대는 상업에 대하여 천시하는 사회 분위기가 있었다. 그런 와중에 김만덕과 임상옥은 조선 후기에 활약한 대표적인 상인들이었다. 우선 김만덕(1739년~1812년)은 당시로서는 드문 여성 사업가이자 전 재산을 사회에 기부했던 사람으로 기억되고 있다. 제주도에서 태어났던 김만덕은 어려서 부모가 모두 돌아가시고 고아가 되어, 삼촌댁에서 자랐다. 본래 상민에 속했던 만덕은 삼촌댁에서 다시 기생에게 맡겨지면서 한 순간에 그 신분이 천인으로 떨어지고 말았다. 제주도 관청의 기생으로서 뛰어난 춤과 노래 솜씨를 보인 그녀는 한 때 제주도에서 가장 유명한 기생이었다고 한다. 23살이 되자 김만덕은 드디어 기생 신분에서 풀려나 장사를 시작하였다. 제주도와 육지의 물건을 거래하는 객주가 되어 크게 성공한 그녀는 제주도의 알아주는 부자가 됐다.

김만덕은 때마침 제주도에 기근이 닥쳐 백성들이 굶어 죽는 일이 생기자 자신의 전 재산을 털어 백성들에게 쌀을 나누어 주었다. 이 소식을 들은 정조는 그녀의 선행에 감동하여 친히 그녀를 궁궐로 불러 만나고, 그녀의 소원대로 금강산을 구경시켜 주었다.

김만덕과 함께 임상옥(1779년~1855년) 또한 조선 후기를 대표하는 상인이다. 의주 지방을 배경으로 활동하던 만상에 속했던 임상옥은 당시 이조판서였던 박종경의 도움을 받아 우리나라 최초로 청과의 인삼 무역을 독점하였다. 1821년 그는 청나라에 갔다가 베이징 상인들이 서로 짜고 홍삼 값을 낮추려고 한다는 소식을 듣고 사람들이 보는 앞에서 홍삼을 불태우는 장사 수완을 발휘하였다. 청나라 상인들은 홍삼이 불에 타자 마음이 급해져 결국 임상옥이 부르는 값대로 지불하고 홍삼을 사갔다. 임상옥은 '재물은 평등하기가 물과 같고, 사람은 바르기가 저울과 같다'라는 말을 남겼다. 그는 자신의 말대로 의주 백성들이 기근을 겪자 자신의 재산을 들여 자선 사업을 벌였다. 그는 평생 신용을 목숨처럼 여겼고, 돈을 버는 것 보다 믿음을 지키는 것을 우선했다.

김만덕 객주와 초상화

3. 백성들의 세금 부담이 나날이 늘어가다

19세기에 들어와서 세도 정치가 시작되면서 나라의 기강은 점차 흔들려 갔다. 당시에 농업 기술과 상공업이 발달하면서 그동안 신분 제도에 억눌려만 살았던 백성들의 생각 또한 달라지고 있었지만 정치는 변화하는 사회를 따라잡지 못했다.

중앙의 정치가 이렇다보니, 지방에서는 그 폐혜가 더욱 심해졌다. 사실 지방에서는 고을을 다스리는 수령, 즉 사또의 힘이 막강했다. 이들은 세금을 걷어 중앙에 보내야 한다는 핑계로 무거운 세금을 주민들에게 거두었다. 당시 경제적으로 성장하고 있던 상인과 공장(工匠)들, 그리고 부유한 농민들이 일부 부패한 수령들의 주된 수탈 대상이었다.

공장(工匠)
수공업에 종사하는 장인들을 일컫는 말이다.

이 당시 세금과 관련하여 일어난 문제를 '삼정의 문란'이라고 한다. '삼정'이란 당시 백성들이 부담해야 했던 3가지 세금을 걷는 일을 말한

동헌에서 업무를 보는 수령의 모습(해미읍성, 충남 서산)

다. 이 삼정의 문란은 철종 때에 가장 심했다. 삼정을 소개하면 다음과 같다.

첫 번째는 전정, 즉 땅에 물리는 세금을 말한다. 당시 세도 정권과 일부 지방의 수령들이 실제보다 더 많은 양의 땅을 장부에 올려서 백성들로부터 몇 배의 세금을 거두었다.

두 번째 세금은 군역과 관련된 세금을 걷는 일로, 군정이라 한다. 이는 16세에서 60세까지의 남자들을 대상으로 군대에 보내거나 군대에 가는

용흥궁(인천 강화)
강화도령으로 불렸던 철종이 강화도에 은거하며 살았던 집이었으나 그가 왕위에 오르고 난 이후에 보수하고 이름을 궁이라고 고쳐 불렀다. 철종이 왕으로 있을 때에 삼정의 문란이 심하였다.

철종 외가(인천 강화)
철종 4년(1853)에 지어진 것으로 철종 임금의 외숙과 함께 왕위에 오르기 전에 살았던 집이다.

대신에 군포를 내도록 하는 것을 말한다. 조선 후기 들어 점차 합법이나 불법으로 양반이 되는 사람들이 늘어나면서 군포를 세금으로 내는 사람들이 줄어들었다. 양반들은 학생으로 관리가 되기 위해 공부해야 한다는 이유로 군포를 면제 받는 특혜를 받았었다. 결국 줄어드는 세금을 채우기 위해 관리들은 어린 아이(황구첨정), 또는 죽은 사람에게까지(백골징포) 군포를 거두는 등 온갖 방법을 써서 백성들을 착취했다.

황구첨정과 백골징포
황구첨정은 젖먹이를 군적에 올려 군포를 징수하는 것이고, 백골징포는 죽은 사람의 이름을 세금 대장에 올려 놓고 군포를 받는 것을 말한다. 죽은 사람은 세금을 낼 수 없으므로 그의 친척들이 대신 내게 했다.

세 번째로 백성들에게 부담이 됐던 것은 환곡이다. 환곡은 보통 흉년이나 봄에 곡식을 백성들에게 빌려주고, 추수한 후에 일정량의 이자를 더해 갚도록 하는 제도였다. 가을에는 추수한 곡식이 있으므로 겨울까지는 먹을거리가 있다. 하지만 겨울을 지나 봄이 되면 곡식이 모두 소모되어 없는 경우가 많았다. 조금만 더 기다려 초여름쯤에는 벼를 추수한 후 심어 놓은 보리가 익어서 먹을 수 있지만, 이른 봄은 먹을 게 없어 굶주리는 백성들이 많은 기간이었다. 그래서 이 기간을 보리가 나올 때까지 견뎌야 하는 때라는 의미로 '춘궁기' 또는 '보릿고개'라고 불렀다.

이렇게 흉년이나 보릿고개를 버티기 위해 백성들은 고을 수령에게 곡식을 빌린 후 10% 정도의 곡식을 더해 갚아야 했다. 그러나 수령들은 백성들에게 규정 이상의 높은 이자를 물리거나, 곡식의 양을 재는 말이나 되를 조작하여 이득을 취했다. 심지어는 빌릴 필요가 없는 백성들에게도 강제로 빌려주고 부당이익을 남기기도 했다.

백성들의 고통이 심해지자 점차 백성들 사이에서는 불만이 터져 나왔다. 백성들은 이러한 문제들이 단순히 세금을 걷는 고을 수령의 부정이 아니라 나라 전체의 구조가 잘못되어 일어나는 일이라 생각하게 됐다. 또한 자신들을 억누르던 제도 또한 잘못된 제도라는 것을 깨달았다. 그러면서 점차 잘못된 사회 제도 자체를 바꿔야겠다는 의지가 생겼다.

더 알아보기

정약용의 애절양(哀絶陽 : 양경[남근]을 잘라버린 것을 슬퍼하며)의 일부

…

시아버지는 삼년상 나고 애는 아직 배냇물도 안 말랐는데

조부, 아들, 손자 삼대가 다 군적에 실리다니

가서 아무리 호소해도 문지기는 호랑이요

이정(里正 : 향관)은 으르렁대며 마굿간 소 몰아가고

…

다산 정약용의 저서인 『목민심서』 「병전」에 애절양이란 시를 쓴 동기가 실려 있다. 이 책에서 정약용은 "이것은 계해년(1803) 가을에 내가 강진에 있으면서 지은 것이다. 그때 갈밭에 사는 백성이 아이를 낳은지 사흘 만에 군적(군대에 가야 할 남자를 관리하는 문서)에 편입되고 이정이 소를 토색질해 가니, 그 백성이 칼을 뽑아 자신의 양경(陽莖, 남자 생식기)을 스스로 베면서 '내가 이것 때문에 이러한 곤액(困厄 : 곤란과 재앙)을 받는다.'고 하였다. 그 아내가 양경을 가지고 관청에 나아가니 피가 뚝뚝 떨어지는데, 울기도 하고 하소연하기도 했으나, 문지기가 막아 버렸다. 내가 듣고 이 시를 지었다." 라고 썼다. 이를 통해 당시 일반 백성의 아픔을 알 수 있다.

정약용 생가 (경기 남양주)
뒷편에 정약용의 묘가 있다.

4. 천주교와 동학, 인간 평등 사상을 전파하다

1) 천주교가 들어오다

천주교가 처음 조선에 소개된 것은 16세기 말에서 17세기 초 쯤이다. 당시 중국 명나라에는 서양에서 천주교를 전하기 위해 들어온 선교사들이 있었다. 조선의 사신들이 명나라에 갔다가 이들을 만나게 되면서 서양의 과학 기술 서적과 함께 천주교 관련 책들이 들어왔다. 이렇게 서양의 문물을 접한 사람들이 천주교에도 관심을 보였는데, 이를 서양의 학문이라는 뜻으로 '서학'이라고 불렀다.

천주교가 본격적으로 신앙으로 받아들여진 것은 18세기 후반부터이다. 실학자인 이익의 제자들을 중심으로 한 남인 계열의 유학자들이 천주교의 천주(天主)를 유교의 '상제(上帝)'와 같은 존재로 인식함으로써 보다 쉽게 받아들이게 되었다. 1784년(정조 8)에는 이승훈이 청나라 수도인 베이징에 갔다가 서양인 신부로부터 세례를 받고 귀국하면서 조선에 교회를 세웠다. 천주교를 처음 받아들인 남인 학자들은 서울과 충청도, 전

천진암 성조 5위묘(경기 광주)
한국 천주교 신앙의 발상지로 권철신을 중심으로 한 학자들이 공부를 하던 곳이다. 초기 신앙의 핵심 인물들, 이벽 · 정약종 · 권철신 · 권일신 · 이승훈의 묘가 있다.

라도를 중심으로 비밀 조직을 만들어 일부 양반과 중인, 상민, 부녀자들을 교인으로 받아들여갔다.

당시 조선 사회에서는 성리학 이외에 다른 종교와 사상은 인정되지 않았다. 그런데 천주교를 믿는 사람들의 숫자가 점차 증가할 뿐만 아니라 조상에 대한 제사를 거부하는 일도 생겨났다. 이에 정부에서는 이를 조선 사회를 위협하는 일로 받아들여 천주교를 금지했다.

정조가 죽고 순조가 임금이 된 뒤 1801년부터 천주교에 대한 탄압이 심해졌다. 순조를 대신해 수렴청정을 하던 정순대비가 사교인 천주교를 금지하라는 지시를 내렸다. 이승훈, 이가환, 정약용 등의 천주교도와 사상가들

김대건(1821년~1846년)
경기도 용인에서 성장한 김대건은 1831년 프랑스인 모방 신부에게 추천되어 마카오에 있는 파리 외방 전교회에서 공부하게 됐다. 그러던 중 아버지가 1839년 기해박해 때 서울 서소문 밖에서 순교했다는 아픈 소식을 접하였다. 열심히 신학을 공부한 결과 1844년 부제가 됐고 1845년 잠시 귀국했다가 다시 중국 상하이로 건너가 우리나라 최초의 신부가 됐다. 1846년 전교 활동을 하다 잡혀 새남터에서 처형됐다. 당시 그의 나이는 25세였다. 김대건은 1925년에 복자로 선포됐고, 1984년 성인으로 선포되어 한국 천주교회의 존경을 받고있다.

유지충 사건
1791년 천주교 신자였던 유지충은 어머니 상을 당하자 교리를 지키기 위해 제사를 지내지 않고 신주를 불살랐다. 이에 관에 끌려가 참수당한 사건으로, 진산사건이라고도 한다.

솔뫼 성지(충남 당진)
김대건 신부의 탄생지이다.

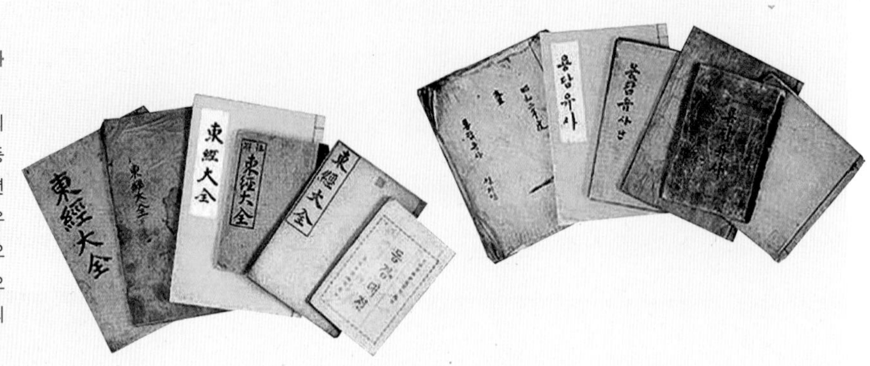

동경대전(왼쪽)과 용담유사(오른쪽)
『동경대전』은 한문체 형식의 경전으로 포덕문 · 논학문 등 4편으로 되어 있다. 1880년 최시형이 간행했다. 『용담유사』는 가사체 형식의 포교집으로 용담가 · 안심가 등 9편으로 이루어져있다. 1881년 최시형에 의해 처음 간행됐다.

이 처형이나 유배되고 중국인 신부인 주문모를 비롯한 교도 100여 명이 처형되었고, 400여 명이 유배되었다. 이때 정조의 총애를 받던 정약용은 전라도 강진으로 유배를 갔고, 그의 셋째 형인 정약종은 천주교 신자로서 신앙을 끝까지 지켜 처형되었다. 이를 신유박해(1801년)라고 한다.

신유박해가 일어나자 황사영이란 천주교 신자가 베이징에 있던 프랑스인 구베아 주교에게 신유박해의 전말을 알리고 군대를 보내 자신들을 구해 달라는 편지를 보내려고 했다가 들키게 되면서 천주교에 대한 탄

배론성지(충북 제천)
'배론'은 이곳의 지형이 배 밑바닥과 같은 모양이어서 붙여진 이름이다. 황사영(1775년~1801년)이 머무르며 백서를 썼던 토굴과 천주교사상 두 번째로 신부가 된 최양업(1821년~1861년)신부의 묘가 있다. 1801년(순조 1) 신유박해가 일어나자 권철신 · 이가환 · 이승훈 · 정약종 · 주문모 등이 처형되자 많은 천주교도가 이곳에 숨어살았다. 황사영은 조선교회의 박해 사실을 자세히 기록하고 신앙의 자유와 교회의 재건 방안을 호소하는 백서를 써서 베이징 주교에게 전달하려다 발각됐다.

압이 더욱 거세지게 됐다. 이를 황사영 백서 사건이라 한다. 천주교에 대한 정부의 박해가 계속됐지만, 백성들 사이에서는 천주교를 믿는 사람들이 더욱 많아지게 됐다.

헌종 때 와서는 프랑스인 신부들이 직접 들어와 교인들을 이끌기도 했다. 하지만 정부의 천주교 탄압은 계속됐고, 최초의 조선인 신부인 김대건 또한 서울과 그 인근지역을 근거로 포교 활동을 하다 처형당하기도 했다. 이후 사회 불안이 계속되면서 중인과 상민, 그리고 부녀자들 사이에서 천주교가 널리 받아들여졌다.

정부의 계속된 탄압에도 천주교가 백성들 사이에 널리 퍼진 것은 천주 앞에 모두가 평등하다는 교리가 있었기 때문이었다. 당시 성리학에서는 인간의 신분 차이가 하늘로부터 타고나는 것이라 주장했는데, 천주교에서는 모든 인간이 천주 앞에서는 평등할 뿐만 아니라 천국에서 영생할 수 있다고 주장했다. 그러한 이유로 양반들의 횡포에 지친 백성들은 천주교 사상에 공감했던 것이다.

최제우 동상(경북 경주)과 초상

2) 동학이 발생하다

천주교가 이렇게 서울과 서해안 지역을 중심으로 퍼져 나갈 무렵에 농촌 지역을 중심으로 '동학'이라 불리는 새로운 종교가 만들어졌다. 동학을 만든 사람은 경주 지방에 살던 몰락한 양반 가문의 최제우였다. 그는 1860년 유교와 불교, 도교의 사상과 천주교의 교리 일부를 받아들여 동학을 만들었다.

동학의 교조 최제우는 '천주를 모시고(시천주)', '사람이 곧 하늘이니(인내천)', '사람 섬기기를 하늘처럼 해야 한다(사인여천)'고 주장했다.

나아가 그는 '지금의 세상이 끝나고 백성들이 바라는

최시형 초상

새로운 세상이 열릴 것(후천개벽)'이라고도 주장하여 백성들에게 희망을 주었다. 어려운 현실에 있던 많은 백성이 동학의 사상을 받아들이면서, 동학은 충청도와 전라도, 경상도 지역을 말하는 삼남 지역에 널리 퍼져나갔다.

그러나 조선 정부는 동학이 간사한 말로 백성들을 현혹시켜 나라를 혼란스럽게 만든다며 탄압하기 시작했다. 결국 최제우는 관군에게 붙잡혀서 사형에 처해졌다. 그러나 2대 교주 최시형은 동학 조직의 위기를 잘 넘기고, 동학의 교리를 정리한 『동경대전』과 설교집인 『용담유사』란 책을 펴냈다.

동학을 믿는 사람들은 처음에는 정부를 상대로 동학을 인정해 주고, 더 이상 탄압하지 말 것을 요구했다(교조신원운동). 그러나 탄압이 계속되자 사회 자체를 바꾸기 위해 적극적인 행동으로 나섰다. 결국 이러한 행동이 동학 농민 운동으로 나아가게 됐다.

5. 홍경래, 지역 차별에 맞서 봉기하다

19세기 세도 정권 아래서 정치가 제대로 이루어지지 않음으로써, 탐관오리들의 부정부패가 갈수록 심해졌다. 정부에서는 암행어사를 보내 지방 수령들의 부정부패를 다스리고자 했으나, 세도가문과 결탁되어 있는 지방 수령들을 제대로 처벌하지 못했다.

세도 정치 아래에서 백성들의 불만이 처음 터져나온 곳은 평안도 지역이었다. 평안도 지역은 조선 후기에 청나라와의 무역이 활발히 이루어지면서 부유해진 상인들이 늘어났고, 또한 많은 광산이 개발되면서 경제적 부를 누린 사람들도 있었다.

19세기 농민 봉기

- ■ 홍경래 반군 점령 지역
- ○ 철종 때 농민 봉기 지역
- ● 고종 때 농민 봉기 지역

백두산

홍경래의 난(1811)

박천
용천
선천
정주
가산

함흥
영흥
덕원
고성
동해
장연
황주
황해
토산
개성
한성
광주
여주
원주
정선
수원
울릉도
독도
청안

개령 농민 봉기(1862)

함창
문경
공주
상주
영해
연산
개령
안동
익산
군위
고산
성주
전주
거창
부안
울산
함양
진주
창원
동래
함평
순천
광양
장흥
남해

진주 농민 봉기(1862)

제주 농민 봉기(1863)

제주도
제주

신미 정주성 공위도(서울대학교 규장각 한국학연구소)
정부의 관군이 홍경래의 군대를 정주성에서 공격하는 모습을 그렸다.

그러나 조선 초기부터 평안도 지역과 평안도 사람들에 대한 중앙 정부의 차별은 심했다. 평안도에는 이름난 양반 집안이 거의 없었다. 또 이 지역 출신들은 과거 응시에 제약을 받았으며, 합격해도 중앙 정계에 진출하기가 어려웠다. 19세기에 이르러 세도 정권은 평안도 지역의 상공업자을 가혹하게 착취함으로써 지역 주민들의 불만은 나날이 커져만 갔다.

이때 몰락한 양반인 홍경래가 평안도 지역의 몰락 양반들과 착취에 지친 상공업자들, 광산에서 일하던 노동자들과 가난한 농민들을 모아 반란을 일으켰다. 이게 바로 1811년에 일어난 홍경래의 난이었다. 불만에 차있던 평안도 지역 사람들은 홍경래 반군에 협조적이었고, 상공업자들은 많은 군자금을 대주었다. 여기에 힘입어 홍경래 반군은 빠르게 평안도 지역을 차지해 갔다. 그러나 이후 선천·정주 등의 청천강 이북 지역을 차지한 홍경래의 군대는 5개월간의 저항 끝에 결국 정부군에 진압되고 말았다.

홍경래가 실패한 이유는 농민들

더 알아보기

홍경래 난(1811년)

평서대원수는 급히 격문을 띄우노니 우리 관서의 부로자제(父老子弟)와 공사천민(公私賤民)은 모두 이 격문을 들으시라. 무릇 관서는 기자의 옛 터요, 단군 시조의 옛 근거지로 훌륭한 인물이 넘치고 문물이 번창한 곳이다. … 그러나 조정에서는 서토(西土)를 버림이 분토나 다름없다. 심지어 권세 있는 집의 노비들도 서로(西路)의 인사를 보면 반드시 평한(平漢)이라 일컫는다. 서토에 있는 자 어찌 억울하고 원통하지 않을 자 있겠는가. 막상 급한 일에 당해서는 반드시 서로의 힘에 의지하고 과거에는 반드시 서토의 문을 빌었으니 400년 동안 서로의 사람이 조정을 버린 일이 있는가. … 이제 격문을 띄워 여러 고을 원님에게 알리노니 절대로 동요하지 말고 성문을 활짝 열어 우리 군대를 맞으라. 만약 어리석게도 항거하는 자가 있으면 철기 5,000으로 밟아 무찔러 남기지 않으리라. 마땅히 속히 청명하여 거행함이 좋으리라.

『순조기사』, 신미 12월 21일

이 널리 반란에 참여하도록 설득하지 못했고, 평안도 이외의 다른 지역의 백성들을 끌어들일 만한 개혁안도 제시하지 못했기 때문이다. 하지만 지방민들이 중앙의 권력자들에게 충분히 저항할 힘이 있다는 것을 보여준 일대 사건이었다.

6. 민중들이 전국적으로 일어서다

홍경래의 난이 실패로 끝난 이후에도 사회 불안은 계속됐다. 관리들의 부정부패와 백성들에 대한 착취는 고쳐지지 않았다. 엎친 데 덮친 격으로 흉년과 전염병이 찾아들면서 백성들의 생활은 더욱 어려워졌다. 넓은 땅을 가진 대지주들은 늘어난 농업 생산력으로 나날이 부자가 되어갔지만, 땅을 가지지 못한 가난한 농민들은 굶어 죽을 지경에 놓이게 됐다. 농민들은 수십 차례에 걸쳐 글을 써서 관청의 잘못된 점과 세금이 부당하게 걷어진다는 점을 고발했지만 전혀 고쳐지지 않았다.

결국 1862년 경상도 지역을 시작으로 전국적으로 수많은 농민이 농기구와 무기를 들고 각 지역의 관청을 습격하는 일이 일어났다(임술 농민 봉기). 화가 난 농민들은 수령이나 그 밑에서 백성들을 착취하는 데 앞장섰던 아전들을 공격했다. 1862년 경상도의 단성과 진주를 중심으로 시작된 진주 농민 봉기는 그 대표적인 사건이다. 이렇듯 농민 봉기는 북쪽 지역의 함흥으로부터 남쪽의 제주도에 이르기까지 전국적으로 퍼져 나갔다.

비록 진주에서 시작된 전국적인 농민 봉기는 삼정 문제를 해결하는 데에는 실패했지만, 농민들이 자신들이 사회의 문제를 해결할 자격과 힘이 있음을 자각하는 계기가 . 계속되는 농민들의 항쟁에 양반을 중심으로 하는 조선의 지배 구조는 점차 흔들리게 됐고, 농민들의 사회 의식은 더욱 높아지게 됐다.

진주 농민 항쟁 기념탑(경남 진주)

임술 농민 봉기 기념탑으로 양반 출신의 류계춘 등이 모임을 갖고 항쟁의 방향을 철시와 시위로 결정한 당시 수곡장이 서던 곳에 있다.

더 알아보기

김병연(김삿갓)과 홍경래의 난

조선 후기 시인인 김병연은 김삿갓이라는 별명으로 더 유명했다. 김병연의 할아버지였던 김익순은 홍경래의 난 때 평안도 선천 지방을 다스리던 지방관이었다. 김익순은 홍경래의 군대에 패하자 그에게 항복했었다. 훗날 홍경래의 난이 진압되자, 김익순은 자신이 항복한 사실을 숨기고자 조정에 거짓 보고를 했다. 그러나 항복한 사실과 거짓을 고한 사실을 모두 들키게 된 김익순은 결국 처형되고 말았다.

조부가 처형되면서 위기를 겪게 된 김병연의 가족들은 하인의 도움으로 황해도 곡산으로 피신하였다가, 훗날 어머니가 계신 강원도 영월로 옮겨 살았다. 어려서부터 뛰어난 글 솜씨로 유명했던 김병연은 스무 살이 되던 해 강원도 지역의 과거에 응시하여 장원으로 급제했다. 하지만 이 때 쓴 글의 주제가 바로 그의 조부 김병연을 조롱하는 내용이었다. 영월로 옮겨 살면서 신분을 숨긴 채로 살다보니 김병연은 김익순이 자신의 조부인 줄 몰랐었다. 조부를 조롱하여 과거에 급제한 김병연은 아마도 큰 죄책감에 시달렸을 것이다. 이후 조상을 욕되게 한 죄인이라는 자책감에 빠진 김병연은 삿갓을 쓰고 방랑길에 올라 여러 시를 남겼다.

김병연 묘(강원 영월)

07

실학이 나타나고, 문화의 새로운 움직임이 생기다

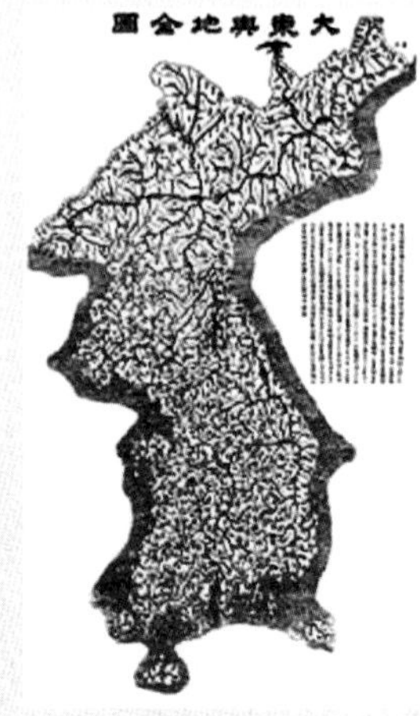

김정호의 대동여지전도

정선의 금강전도(리움미술관)

1. 성리학 이외의 다른 학문은 이단으로 여기다

광해군은 후금과 명나라 사이에 중립 외교 정책을 추진하다가 일부 양반들에게 거센 반대를 받았다. 결국 광해군은 서인들이 일으킨 반정으로 쫓겨나고 인조가 왕으로 등극하였다. 서인들이 정권을 차지하면서, 그들은 철저히 '존화양이(尊華攘夷)'의 뜻을 따르고자 했다. '존화양이'는 명나라를 따르고 북쪽의 오랑캐인 만주족이 세운 후금과 멀리한다는 성리학적 명분론이다.

인조와 서인들은 이러한 존화양이의 뜻을 굽히지 않아 후금·청의 두 차례에 걸친 침입을 받고, 삼전도에서 굴욕적인 항복을 하게 됐다. 하지만 인조와 서인들을 포함한 당시 지배층들은 그 뜻을 꺾지 않았고, 전쟁 이후에도 성리학의 원칙을 지켜나갔다.

윤휴(1617년~1680년)
윤휴는 인조 대부터 숙종 대까지 활약했던 남인 계열의 성리학자였다. 그는 당시 성리학을 공부하던 사람들이 유교 경전을 해석함에 있어 주자의 뜻을 그대로 따랐던 것과는 달리 독자적인 해석을 하곤 하였다. 이러한 그의 생각은 주자의 견해를 전적으로 믿었던 송시열의 뜻과는 완전히 달랐다. 이후 윤휴는 숙종 때 남인 세력이 경신환국 이후 몰락하면서 사약을 받고 생을 마감하였다.

하지만 17세기 후반을 즈음해서 성리학 또한 완벽한 학문이 아니므로 사회적인 문제들을 해결하기 위해 다양한 학문들을 참고해야 한다는 의견이 나왔다. 이러한 움직임에 앞장선 사람이 윤휴였다. 윤휴는 성리학의 아버지라 할 수 있는 주자의 말을 그대로 따르지 않고 새로운 자신만의 주장을 펼치기도 했다. 주자의 뜻을 철저히 따라야 한다고 믿었던 서인들과 당시 서인의 대표였던 송시열은 이러한 주장에 대해 격렬히 비판했다. 당시 서인들은 주자의 뜻에 조금이라도 어긋나게 성리학을 이해하려고 하면 이를 '사문난적', 즉 잘못된 말을 하여 학문을 어지럽히려는 사람으로 몰아 처단하기까지 했다.

사문난적
유교의 교리를 해석하는데 있어서 성리학의 입장을 따르지 않는 학자들을 비난하기 위해 사용한 말이다. 원래는 성리학 반대자를 비난하는 말이었으나 조선 중기 이후 붕당정치의 폐혜가 나타나면서 성리학의 교리해석을 주자의 방법에 따르지 않은 사람까지 사문난적으로 몰아 세웠다. 송시열이 윤휴를 몰아 세운 것이 그 예이다.

이러한 분위기 속에서 성리학이 조선의 절대적인 사상으로 자리잡게 됐다. 성리학 이외의 다른 학문은 인정하지 않는 분위기가 나타나게 된 것이다. 그렇지만 성리학에서는 심성론과 이기론이라 하여 인간의 본성이 어떠한 지와 우주의 근본이 무엇으로 이루어지는 지와 같은 철학적 주제에 관심을 가져 과학적으로는 밝혀낼 수 없는 내용들이 다루어졌었다.

점차 성리학을 공부하는 학자들은 인간의 본성과 우주의 근본에 대한

더 알아보기

성리학과 양명학

성리학은 성(性)인 인간의 본성과 이(理)인 우주의 원리를 철학적으로 연구하는 학문인데 비해, 양명학에서는 '심즉리'라 하여 인간의 마음에 우주의 중심인 천리가 있다고 주장했다. 특히 양명학은 실천을 중요시하여 아는 것은 실천이 따라야 한다는 지행합일을 강조했다.

자신만의 답을 완성시켜 나갔다. 이때 2명의 대학자들이 서로 다른 주장을 펼쳤는데, 바로 이황과 이이였다. 이황을 따르는 무리들은 영남학파라 불렸는데, 이들은 경상도 지역의 성리학자들이 많이 있었다. 이와 달리 이이를 따르는 무리들을 기호학파라 했는데, 이들은 경기도와 충청도의 학자들이 주를 이루었었다.

17세기 후반과 18세기 전반에 영남학파와 기호학파 사이에서는 인간의 본성과 물질의 본질이 같은 지 또는 다른 지에 대해 따지는 '인물성동이론' 논쟁이 벌어졌다. 이후 영조 때 이르러 기호학파 내에서 한원진을 중심으로 충청도 노론이 인성과 물성이 다르다고 보는 인물성이론(호론)을 주장하고, 이간(李柬)을 중심으로 한 서울 지역 노론이 인성과 물성이 같다는 인물성동론(낙론)을 내세웠다.

한편 일부 지방에 머물던 성리학자들은 중국에서 새로이 나타난 양명학이란 유학 사상을 받아들이기도 했다. 성리학을 집대성한 인물이 송나라의 주자라면, 양명학은 명나라의 왕양명이 만들어낸 유학 사상이었

자운서원 문성사(경기 파주)
율곡 이이를 모신 사당이다.

이이 신도비(경기 파주)
조선의 대학자 율곡 이이의 무덤 앞에 그 업적을 적은 비석이다.

다. 성리학이 지나치게 이론 중심이라는 것을 반성하기 위해 나온 사상이 양명학인데, 중종 때에 처음으로 전해졌다.

양명학은 성리학을 정통 학문이라 숭상하던 조선 사회에서는 공개적으로 받아들여지기가 어려웠다. 특히, 이황과 같은 성리학의 대가가 양명학을 이단으로 배척하면서 더욱 외면당했다. 이러한 분위기 속에 권력 다툼에서 밀려난 소론 출신 학자들과 종친을 중심으로 양명학이 수용되었다.

이러한 가운데 정제두가 관직에서 물러나 강화도에 은거하면서 양명학을 연구해나갔다. 정제두의 제자들도 강화도로 와서 양명학을 배우고, 계속해서 새로운 제자들을 길러내면서 강화도가 양명학의 중심지가 됐다. 마침내 이들은 '강화학파'를 형성했다. 양명학을

강화 학파 계보

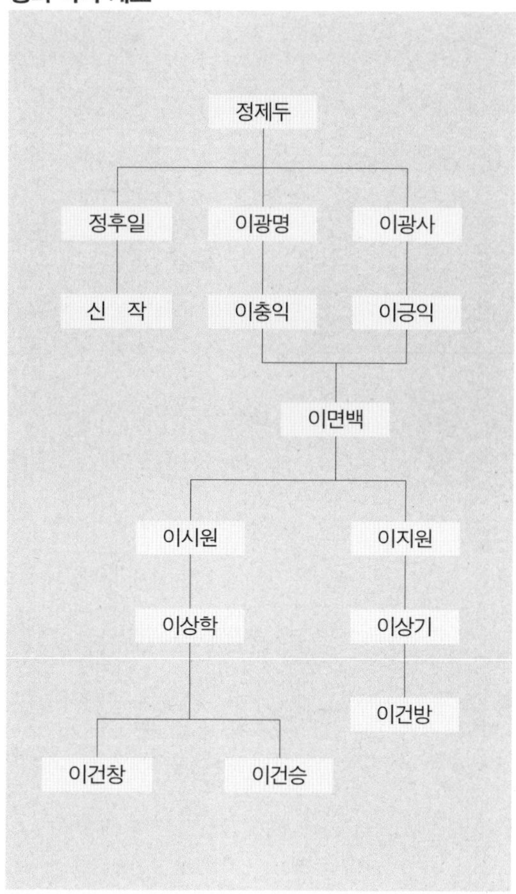

정제두 묘(인천 강화)

정제두는 소론계의 학자로서 양명학 연구에 전념하여 학문 체계를 세운 인물이다. 당시 주자에 따르지 않는 학문은 모두 사문난적이라 몰리던 상황 속에서 정제두는 양명학 연구에 전념하여 강화학파라 불리는 학파를 이루었다.

공부한 사람들은 당시 현실에 문제를 제기했지만 이미 세력을 잃은 사람들의 이론이었기 때문에 현실에는 크게 영향을 미치지 못했다.

2. 현실 문제의 해결을 위해 실학이 나타나다

임진왜란과 병자호란의 큰 전쟁을 치르면서 백성들의 삶은 더욱 어려워져 있었다. 조선은 양 난의 상처에서 벗어나기 위해 노력하고 있었지만 나라를 다스리던 양반들은 성리학만을 최고의 학문으로 여겼다. 그러는 사이에 조선 사회의 잘못된 점들은 계속해서 곪아가고 있었다. 이때 17~18세기의 사회적 문제를 해결하기 위해 정치와 경제에서 잘못된 점들을 고치려는 개혁적인 학문이 나타났는데 이러한 학문을 '실학'이라고 한다.

본래 실학에 선구적인 역할을 한 사람은 17세기 초의 이수광이었다. 그는『지봉유설』을 지어 조선이 유학을 처음 만들어낸 나라라 떠받들던 중국에 비해 결코 못한 나라가 아니라 중국과 대등하거나 앞선 나라임을 주장했다. 또한 그는 조선이 자랑할 만한 민족 문화에는 유교 전통뿐만 아니라 경제·사회·종교·과학 기술 등이 모두 포함됨을 강조하여 학문 연구의 폭을 넓혔다.

비우당(서울 종로)
실학자 이수광이『지봉유설』을 지은 곳이라 전한다. '비우당'은 비를 피할만한 자그마한 집이란 뜻이다.

이수광과 함께 한백겸은 성리학을 이해하는 데에 있어 주자의 해석을 벗어나 자신만의 생각으로 유학을 이해했다. 또한 그는 『동국지리지』를 써서 우리 역사상에 있었던 초기 국가들과 고구려·백제·신라·고려의 도읍지와 지역들, 그리고 각 나라의 지리가 어떠했는지를 밝혔다. '동국'은 중국의 동쪽에 있는 국가인 우리나라를 뜻한다. 당시 성리학에 빠져 중국 중심으로 학문을 연구하던 문화에서 벗어나서 우리 역사와 우리 지리에 관심을 가졌다는 점에서 한백겸의 연구는 의미가 있다.

18세기의 여러 학자들은 상공업을 발전시키자는 주장들을 펼쳤는데 이러한 주장에 영향을 받아 나중에 북학파가 생겨났다. '북학파'는 청나라를 오랑캐의 나라라고 배척하지만 말고 청나라의 좋은 문물들을 받아들여 조선을 강한 나라로 발전시키자는 주장을 하였다.

실학자들의 생각을 바탕으로 점차 실학이 발전하면서, 실학자들의 생각은 크게 3가지 부류로 나누어 발전하게 됐다. 첫 번째는 조선의 가장 핵심 산업인 농업을 중심으로 개혁을 이루어야 한다고 주장하는 학자들이 있었다. 두 번째로는 조선 사회에서 농업에 비해 무시 받던 상업과 공업을 발전시켜 나라를 부강하게 해야 한다는 주장들이 있었다. 세 번째로는 중국 중심의 세계관에서 벗어나 우리 민족의 전통과 현실에 관심을 가지고 우리 역사와 지리, 국어 등을 연구하자는 학자들이 있었다.

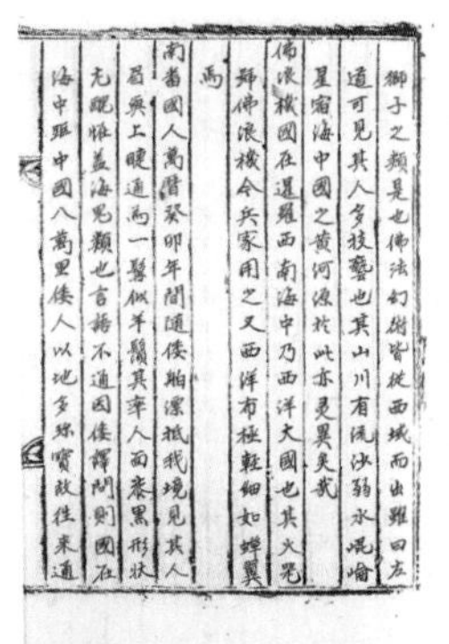
獅子之類是也佛法幻術皆從西域而出難曰左
道可見其人多技藝也其山川有流沙弱水崑崙
星宿海中國之黄河源於此亦是異矣哉
佛浪機國在暹羅西南海中乃西洋大國也其火器
號佛浪機今兵家用之又西洋布極輕細如蟬翼
焉
南番國人萬曆癸卯年間通倭船漂抵我境見其人
眉與上睫通爲一鬚似羊鬚其率人面漆黑形狀
尤醜惟蓋海鬼類也言語不通因倭譯問則國在
海中距中國八萬里倭人以地多珍寶故往來通

지봉유설
이수광이 지은 벡과사전 형식의 책으로 서양 문물에 대해 적고 있다. 천주교에 관한 교리서인 『천주실의』도 이책에 소개되어 있다.

한백겸(1552년~1615년) 신도비(경기 여주)
신도비는 높은 벼슬을 한 사람의 무덤가에 세운 비석이다.

3. 실학자들, 이렇게 주장하다

1) 다양한 토지 제도 개혁 방안을 제시하다

17세기와 18세기에 걸쳐 당시의 집권 세력에 반대하여 농촌과 농업 중심으로 조선 사회를 바꿔보려던 실학자들이 등장했다. 이들은 '중농학파'라고 불린다.

17세기 후반 유형원은 중농학자의 선구자라고 볼 수 있는데, 그는 평생 농촌에 살면서 『반계수록』이란 책을 지었다. 이 책에서 그는 가장 먼저 개혁해야 할 대상으로 잘못된 토지 제도를 거론했다. 그는 가난한 농민들이 송곳을 하나 꽂을 만한 땅조차 가지지 못한 현실을 비판하며 '균전론'이란 토지개혁안을 내놓았다. 균전(均田)이란 땅을 나누자는 말이다.

'균전론'의 핵심은 토지를 다시 분배하여 농민들이 자기 땅을 경작하게 하는 거였다. 땅을 나눠줄 때 선비와 관리에게는 더 주고, 수공업자와 상인에게는 농민의 절반만큼만 주되 신분에 따라 토지를 분배하자고 주장했다.

유형원의 뒤를 이어 이익은 토지 제도에 대한 개혁론을 한 단계 더 발

유형원의 반계서당(전북 부안)
효종과 현종 때 유형원이 농촌에 살면서 중농적 실학사상을 공부하던 곳이다.

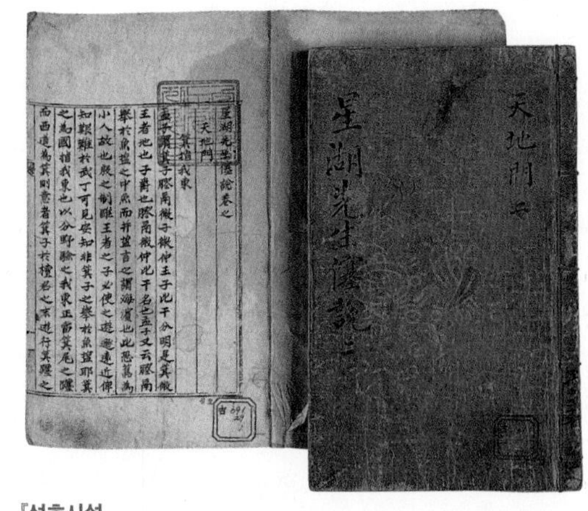

전시켰다. 그는 유형원의 생각을 이으면서 더 욱 앞선 주장을 펼쳤다. 그가 지은 대표적인 저서는 『성호사설』인데, 여기에서 이익이 내세운 토지 제도 개혁론은 '한전론'이었다. 그는 먹고 사는데 필요한 최소한의 토지만큼은 사고파는 것을 금지하자고 주장했다. 이는 형편이 어려워진 백성들이 지주들에게 땅을 팔아 결국 가난한 소작농으로 전락하는 것을 막고자 한 것이다.

『성호사설』
실학자인 성호 이익이 평소에 기록해 둔 글과 제자들의 질문에 답한 내용을 1740년경에 집안 조카들이 정리한 책이다.

이익 이후 실학을 학문으로서 완성한 사람이 바로 정약용이다. 그는 정조의 각별한 총애를 받아 그 뜻을 펼쳐나가고자 한강에 배다리를 놓고 거중기를 이용하여 수원 화성을 쌓는 등 많은 업적을 남겼다. 그러나 갑자기 정조가 죽으면서 노론 벽파의 탄압을 받아 관직에서 쫓겨나 경상도 기장을 거쳐 전라도 강진으로 귀양을 가게 됐다. 그는 18년간 귀양살이를 하면서 학문연구에 힘써 국가의 제도 개혁 방향을 제시한 『경세유표』, 지방 수령의 행동 지침서인 『목민심서』,

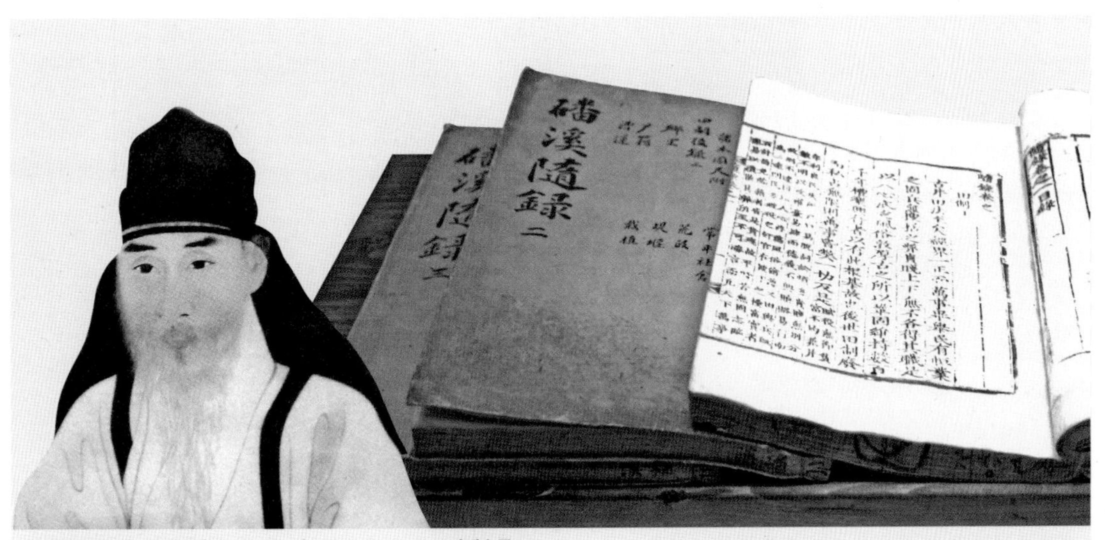

이익(1681년~1763년)

반계수록
유형원이 농촌에 살면서 체험한 현실을 토대로 국가운영과 개혁방안을 정리한 책이다.

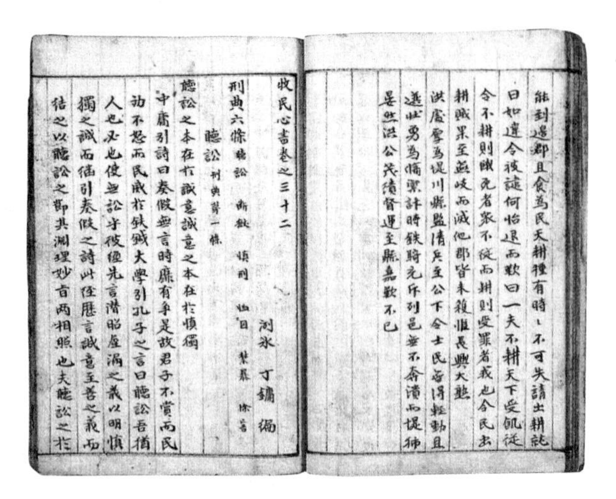
能到邊郡且食爲民天耕種有時時不可失請出耕就
日如違令被謫何怡退而歎曰一夫不耕天下受飢從
令不耕則餓死者衆不從而耕則受罪者我也令民出
耕賊果至無岐而滅他郡皆未穫惟長興大熟
洪處亮爲堤川縣監淸兵至公下令士民毋得輕動且
遣壯勇爲備禦許時鐵騎充斥列邑無不奔潰而堤邑
晏然洪公茂績晉運至縣嘉歎不已

牧民心書卷之三十二
洌水 丁鏞 編
刑典六條 聽訟 斷獄 愼刑 恤囚 禁暴 除害
聽訟 刑典第一條
聽訟之本在於誠意誠意之本在於愼獨
中庸引詩曰奏假無言時靡有爭是故君子不賞而民
勸不怒而民威於鈇鉞大學引孔子之言曰聽訟吾猶
人也必也使無訟乎彼經先言潛昭屋漏之義以明愼
獨之誠而復引奏假之詩此經歷言誠意至善之義而
結之以聽訟之節其淵理妙旨兩相照也夫聽訟之於

목민심서

조선 후기 실학자 정약용이 목민관, 즉 수령이 지켜야 할 지침을 제시한 책이다. 부패가 극에 달한 조선 후기 지방의 사회 상태와 정치의 실제를 민생 문제 및 수령의 본래 임무와 결부시켜 소상하게 밝히고 있다. 정양용이 신유박해로 전라도 강진에서 18년간 귀양살이를 하고 있던 중 풀려난 해인 1818년(순조 18)에 완성됐다.

사법제도 운영에 관한 『흠흠신서』 등 500여 권의 책을 저술했다.

그의 저서 속에 나타난 토지 개혁은 '여전론'으로 요약할 수 있다. 그는 농사를 실제로 지을 사람만 땅을 가져야 한다고 했는데, 그러기 위해 내세운 것이 여전론이었다. 여전론은 한 마을(여)을 하나의 집단 농장으로 만들어 우두머리로 여장을 두고, 여장의 관리 아래 농민들이 공동으로 농사를 지어, 수확한 곡식은 노동을 얼마나 했는지에 따라 나누는 매우 독특한 토지 개혁 방안이었다.

이러한 토지 제도 개혁론은 농민들의 삶을 안정시킬 수 있는 좋은 방법들이었다. 그러나 당시 이를 주장한 학자들이 정치 권력에서 벗어나 있었기 때문에 현실 정치에는 반영되지 못했다. 하지만 당시 시대의 상

정약용(1762년~1836년)

다산초당(전남 강진)

강진에 유배당한 정약용이 거주하면서 학문을 연구했던 곳이다. 원래 초가였는데 복원하면서 기와지붕으로 만들었다.

황으로 볼 때 실학자들의 토지 제도 개혁안은 시대를 앞선 생각이라 볼 수 있다.

2) 상공업을 발전시켜 나라를 부강하게 하려고 노력하다

조선 사회는 농업을 최고로 여기던 나라였으므로 상대적으로 상공업은 천시하는 풍토가 있었다. 그러나 조선 후기에 와서 상공업이 발달하면서 일부 유학을 공부하던 학자들의 생각도 바뀌게 됐다. 그들은 상공업을 통해 나라를 부강하게 만들 수 있다 생각했다. 그래서 토지 제도를 개혁함과 동시에 상업과 공업을 발전시키고, 다른 나라로부터 기술을 받아들여야 한다고 주장하는 사람들이 나오게 됐다. 이들을 '중상학파'라고 한다.

18세기 전반에 유수원은 적극적으로 상공업 진흥을 주장했다. 그는 『우서』라는 책을 펴내 화폐를 널리 사용하여 상업을 발전시킬 것과 상업을 업신여기는 문화를 없애야 한다고 했다. 또한 그는 상점을 늘려나가고, 소가 끄는 마차인 우마차를 널리 이용할 것과 광업·수산업·과수업·목축업 등도 널리 발전시킬 것을 주장했다.

18세기 중엽에는 유수원의 주장을 따라 당시 중앙의 권력을 잡고 있던 관료들 중에서도 상공업 발전에 관심을 가지는 사람들이 나타나게 됐다. 이들은 청나라 문물을 수용해 부국강병을 도모하자고 주장하여 '북학파'라고 불렸는데, 대표적인 인물로 홍대용·박지원·박제가 등이 있었다.

마차(실학박물관)
조선은 지형상 산지가 많았고, 외적의 침입에 대비해 길을 넓게 만들지 않았던 관계로 마차를 잘 쓰지 못했다. 유수원은 길을 놓아 마차를 쓰도록 하여 물건의 운송을 원활히 하자고 했다.

홍대용은 청나라에 다녀온 경험을 바탕으로 『의산문답』 등의 글을 지었는데, 그는 일을 하지 않는 것을 당연하게 여기던 양반들도 생산 활동에 나서야 한다고 주장했다. 또 그는 성리학만을 신봉하고 중국을 세계 최고라 여기는 생각에서 벗어나 기술을 개발하여 조선을 강력한 나라로 만들어야 한다고 했다.

박지원은 청나라에 실제 다녀와 『열하일기』라는 기행문을 썼다. 그는 이 책에서 청나라의 문물을 소개하면서 청나라의 사회와 문화, 역사에 대한 자신의 생각을 덧붙였다. 또한 그는 농사짓는 방법을 새롭게 발전시키고, 농기구를 개량하여 농업 생산량을 늘릴 것을 주장했다. 나아가 상공업을 진흥시키기 위해 수레와 선박을 이용하고, 화폐를 널리 사용하여야 하며, 청나라와의 교류를 늘리고 청나라의 기술을 들여옴과 동시에 무역 또한 활발히 할 것을 주장했다.

박지원의 생각은 그의 제자인 박제가를 통해 더욱 발전됐다. 박제가는 청나라에 다녀온 후 『북학의』를 지어서 청의 문물을 적극적으로 받아들이자고 하였다. 또 그는 무역선을 보내어 바다를 통해 청나라와 무역할 것과 수레와 벽돌을 이용하자고 했다. 특히 박제가는 당시 양반들

박지원(1737년~1805년)
박지원은 박제가 · 이덕무 · 유득공의 스승이었다.

박제가(1750년~1805년)
중국 청나라 화가 나빙이 베이징에서 박제가와의 헤어짐을 아쉬워서 그린 초상화이다.

홍대용(1731년~1783년)
청나라 엄성이 그렸다.

이 절약만을 강조하는 것을 비판하여 "우물에서 물을 퍼내면 다시 차지만, 그대로 두면 말라 버린다."라는 말을 통해 물건을 사야지만 새로운 물건들이 만들어진다는 경제 원리를 강조했다. 즉, 소비가 생산을 촉진한다는 것을 주장한 것이다.

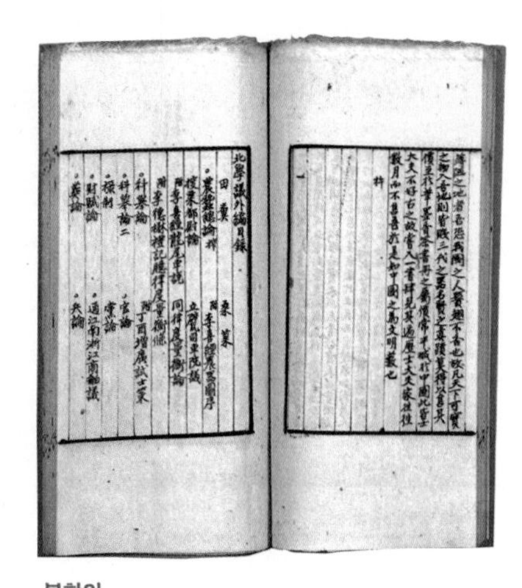

북학의

당시 조선에 비해 선진적인 것으로 평가되는 청나라의 문물을 배우자는 주장을 펼쳤다.

3) 우리 역사와 지리, 우리말을 연구할 것을 주장하다

실학의 발달과 함께 우리 민족의 전통과 현실에 관심을 가질 것을 주장하여 우리의 역사, 지리, 국어 등을 연구하는 국학이 발달하게 됐다. 당시 조선을 다스리던 사람들은 오랑캐라 업신여기던 만주족이 세운 청나라가 명나라를 무너뜨리고 중국을 차지한 것을 보면서 충격에 휩싸였다.

얼마 버티지 못하고 망하리라 생각했던 청나라는 오히려 발전을 거듭하며 중국을 계속 다스려나갔다. 이에 한족이 세운 중국이 세계 최고라던 생각 또한 흔들리게 됐다. 그러면서 우리도 중국의 영향에서 벗어나서 우리 문화와 우리 학문을 연구하자는 움직임이 나타나게 된 거였다.

17세기 초 실학파의 선구자로 실증적인 학문을 중시하던 이수광은 광해군 때 일종의 백과사전이라 할 수 있는 『지봉유설』을 편찬했다. 이 책에서 이수광은 서양 선교사 마테오 리치의 『천주실의』를 소개하면서 천주교 교리와 교황에 대해서도 기술했다.

더 알아보기

박제가의 소비론

대체로 재물은 비유하건대 샘과 같다. 퍼내면 차고 버려두면 말라버린다. 그러므로 비단옷을 입지 않아서 나라에 비단 짜는 사람이 없게 되면 여공(女工, 부녀자들이 하던 길쌈질)이 쇠퇴하고, 쭈그러진 그릇을 싫어하지 않고 기교를 숭상하지 않아서 나라에 공장(工匠)의 도야(陶冶)하는 사람이 없게 되면 기예가 망하게 되며, 농사가 황폐해져서 법을 잃게 되므로 사농공상의 서민이 모두 곤궁하여 서로 구제할 수 없게 된다.

『북학의』, 「내편」, 시정

동사강목(東史綱目)
동사강목에서 안정복은 한국사의 전통이 고조선에서 마한, 고려로 이어지는 것으로 파악했다.

한편, 이익의 제자인 안정복은 고조선부터 고려 말까지의 역사를 강목체 형식으로 다룬 『동사강목』을 지었다. 그는 이 책에서 종래 중국 중심의 역사책에서 벗어나 우리나라 역사의 독자적 정통성을 체계화했다. 양명학의 영향을 받은 이긍익은 조선 왕조의 정치사를 정리한 『연려실기술』을 지었다. 기사본말체 형식으로 되어 있는 이 책은 야사, 문집, 일기 등 총 400여 종의 방대한 책을 인용하여 태조부터 현종 대까지 각 왕대의 주요 사건을 역사적 사실에 근거하여 서술하려는 실증적 역사관을 보여주었다.

한치윤은 단군 조선부터 고려 시대까지의 역사를 한국과 중국, 일본의 5백여 종의 문헌을 이용하여 기전체로 『해동역사』를 편찬하였다. 이 책은 중국에까지 소개되어 우리나라 역사를 공부하는 학자들에게 좋은 입문서가 되었다. 영조 때 이중환은 현지 답사를 기초로 하여 『택리지』를 저술하여 인문지리적 관점을 적용하였다.

택리지(擇里志)
이중환은 택리지에서 전국을 8도로 나누어 그 지역 출신 인물과 지역의 특징을 연결지어 설명했다. 또한 살기 좋은 지역을 택하여 설명하기도 했다.

북학파로 서자 출신의 학자인 유득공은 정조 때 규장각에 있던 4명의 검서관 중 한 명으로 한국·중국·일본의 24종의 역사책을 참조하여 『발해고』를 지었다. 이 책에서 그는 지금까지 남쪽 신라만을 우리 역사로 인식하던 역사관을 비판하고 고구려를 계승한 북쪽의 발해를 우리 역사에 넣어 이 시대를 '남북국 시대'로 규정하고 잃어버린 발해사에 대한 관심을 불러일으켰다.

남인 출신으로 실학 사상을 집대성한 정약용은 고조선에서 발해에 이르기까지 우리나라 역대 강역과 수도, 하천 등의 위치를 각종 문헌을 참고하여 고증한 역사지리서인 『아방강역고』를 지었다.

왜란과 호란 이후 국가 체제를 정비하는 과정에서 국토의 실태와 국방 등에 관한 관심이 높아졌다. 이에 따라 지도와 지리서 제작이 활발하게 이루어졌다. 17-19세기에는 우리나라 전도, 지방 지도인 군현도, 군사 요새 지도인 진도를 비롯하여 세계지도, 동아시아지도 등 다양한 지도가 제작되었다.

실학자 이익의 제자인 정상기는 과학적인 1백리척을 사용하여 「동국지도」를 만들었다. 전국도 1장과 도별도 8장 총 9장으로 구성된 이 지도에는 궁실, 군현의 연혁, 산천, 성곽, 해로, 북간도 경계 등의 변천이 수록되어 있다. 정상기는 거리를 표현하는 방법으로 우리나라의 경우 산과 도로의 굴곡이 심해 직선적으로 거리를 측정하는데 힘든 것을 극복하였다. 곧 그는 평지의 경우 100리를 1척으로, 굴곡이 심한 지역은 120리 또는 130리를 1척으로 차등 적용함으로써 비교적 정확한 직선 거리 계산이 가능하게 하였다.

지도 제작과 지리서 편찬에 일생을 바친 김정호는 1834년(순조 34)에 「청구도」를 제작했다. 이 지도에는 군현별로 채색을 달리하고 각 고을의 호구 수, 토지 면적, 군사 총수, 거두어 들인 곡식의 총량, 한성까지의 거리 등 중요 정보를 담고 있다. 또 김정호는 철종 12년에 전국 지도첩(병풍식 22첩)으로 약 1/16만 축적의 「대동여지도」를 만들었다. 이 지도는 산맥과 하천, 도로망, 포구 등이 정밀하게 그려져 있고, 10리마다 눈

더 알아보기

『발해고』 서문

고려는 발해의 역사를 편찬하지 않았으니 고려가 떨치지 못함을 알겠다. 옛날에 고씨가 북쪽에 자리하여 '고구려'라고 하였다. 부여씨가 서남쪽에 자리하여 '백제'라고 하였다. 박·석·김 씨가 동남쪽에 자리하여 '신라'라고 하니 이를 삼국이라고 말한다. 마땅히 그 삼국의 역사가 있어야 했는데, 고구려가 그 역사를 편수했으니 옳은 일이다. 부여씨가 멸망하고 고씨가 멸망함에 이르러, 김씨는 그 남쪽을 차지하였고, 대씨(대조영)는 그 북쪽을 차지하여 '발해' 라고 하였는데, 이를 '남북국' 이라고 말한다. 마땅히 그 남북국의 역사가 있어야 하는데, 고려가 그 역사를 편수하지 않았으니 잘못된 일이다. 고려가 마침내 약한 나라가 된 것은 발해의 땅을 차지하지 못했기 때문이니, 매우 안타깝다.

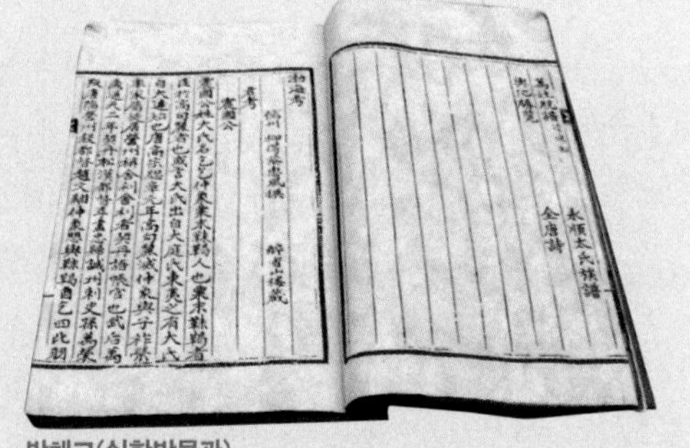

발해고(실학박물관)
우리 역사에서 최초로 통일신라와 발해가 나뉜 시기를 남북국으로 설명한 역사서이다. 발해를 우리 역사의 일부로 분명히 여긴 책이었다.

『발해고』, 서문

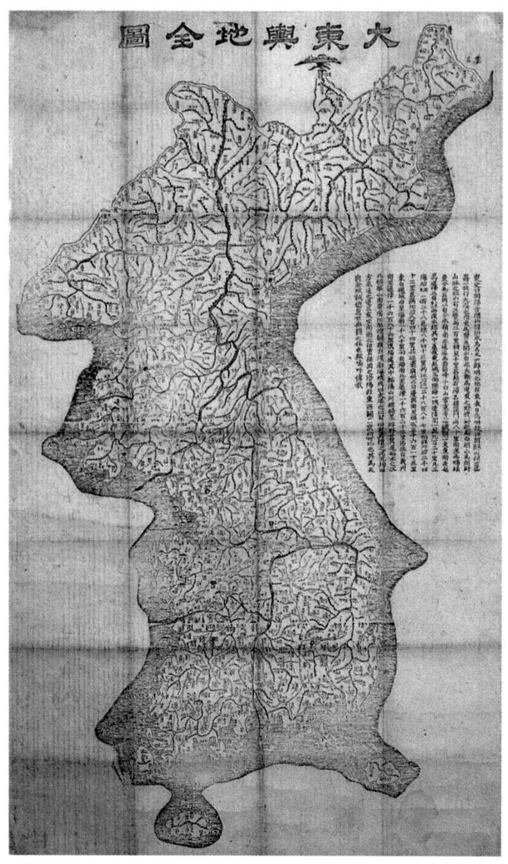

대동여지도

목판본의 『대동여지도』 22첩은 1861년에 편찬 · 간행하고 1864년에 재간한 22첩의 병풍식(또는 절첩식) 전국 지도첩이다. 목판본 『대동여지도』 22첩은 우리나라 전체를 남북 120리 동서 80리 간격으로 22층으로 구분하여 하나의 층을 1첩으로 만들고 22첩의 지도를 상하로 연결하여 1권의 책으로 접어서 엮었다. 22첩을 연결하면 가로 4m, 세로 6.6m에 이르는 초대형 조선전도가 된다.

금을 표시하여 거리를 알 수 있게 하였을 뿐만 아니라 대량으로 인쇄가 가능하게 목판으로 제작했다.

4. 서민 문학이 발달하다

조선 후기로 들어오면서 농업 생산력이 늘어나고 상공업이 발달하면서 양반이 아닌 일반 서민들을 위한 문화가 생겨났다. 조선 전기까지 수준 높은 문화는 주로 양반만이 즐길 수 있었다. 하지만 점차 서당에서 교육을 받은 서민들이 늘어나고, 서민들 중에 농업과 상공업에서 경제적으로 성공을 거두는 사람들이 늘어나면서 이제는 양반뿐만 아니라 일반 서민들까지도 문화를 즐길 수 있게 된 것이다.

서민들이 문화를 만들어내는 사람들로서 참여하면서 문학 작품들의 내용들도 바뀌게 됐다. 조선 전기의 문학 작품들이 주로 선비들이 교양이나 심성을 닦기 위해 쓰여졌었다면, 조선 후기 서민들을 위한 문학 작품들은 사람들의 솔직한 감정을 드러내고, 양반들의 잘못된 행동들을 풍자하는 내용을 담고 있었다.

조선 후기의 문학 작품들 중에 가장 주목할 만한 장르는 백성들에게 널리 읽혀졌던 한글 소설이다. 한글 소설에는 조선 사회의 현실을 잘 담아냈는데, 그 대표적인 예가 허균이 쓴 『홍길동전』이다. 『홍길동전』은 서자 출신의 홍길동이 조선 사회에서 신분으로 인해 어떤 어려움을 겪는 지를 잘 드러냈다. 또한 당시 일부 부패한 양반들의 모습을 다루면서, 홍길동이 부패한 양반들을 벌하는 장면을 실감나게 그려내 서민들의 현실에 대한 불만을 소설 속에서나마 해소시켜 주었다. 이 한글 소설을 사람들이 많이 모인 곳에서 읽어주고 돈을 받는 사람이 있었는데 이를 '전기수'라고 했다.

『춘향전』은 신분의 차이를 뛰어 넘은 사랑 얘기를 담아내면서 양반과 상민 모두에게 인기를 끌었다. 이밖에도 용왕을 골려 주는 토끼가 주인공인 『별주부전』, 목숨을 바쳐서까지 부모에 효도를 하여 왕비가 된 심청이가 주인공인 『심청전』, 잘못된 가족 관계에서 희생되는 장화와 홍련의 이야기인 『장화홍련전』 등이 인기를 끌었다. 이러한 작품들은 소설로서의 재미와 함께 잘못된 일에는 반드시 대가가 따른다는 교훈까지 들어있다.

소설과 함께 시조에도 변화가 나타났다. 곧 예전에는 주로 양반들이 정해진 글자 수에 맞추어 아름다운 자연을 감상하며 느낌을 나타내거나, 자신의 충성된 마음을 나타낸 시조들이 많았다. 하지만 조선 후기로 오

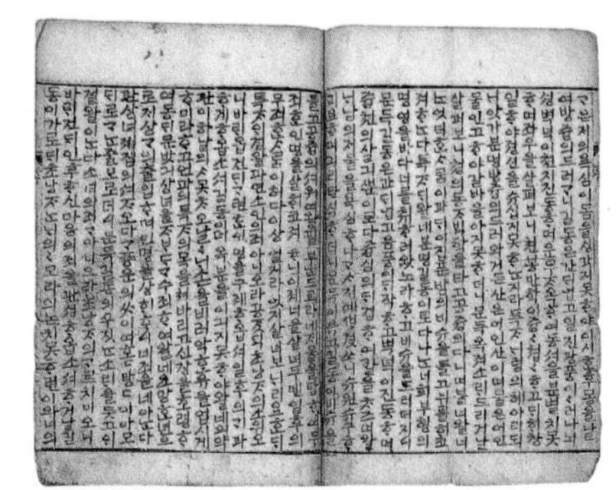

허균의 홍길동전

당시 현실에 실재했던 사회적인 문제점을 그대로 보여주고 있다.

춘향 초상(광한루 춘향사, 전북 남원)

광한루(전북 남원)

광한루는 조선 초 이름난 정승이었던 황희가 남원에 유배당했을 때 지어졌다고 한다. 훗날 춘향전의 무대가 됐다.

면서 글자 수를 맞추지 않고, 자신의 자유로운 감정을 표현하던 사설시조가 많이 쓰였다. 사설시조의 주제는 주로 남녀 간의 사랑이나 잘못된 사회를 비판하는 내용들이었다.

한편, 양반들 사이에서도 당시 사회의 잘못된 점을 비판하는 한문학이 유행했다. 박지원은 『양반전』, 『허생전』, 『호질』 등의 한문 소설을 써서 당시 양반 사회의 부조리를 비판했다.

5. 판소리와 탈놀이가 유행하다

조선 후기에 유행한 문화 중에서 인기를 끌었던 것은 바로 판소리와 탈놀이였다. 판소리는 광대들이 소설의 줄거리를 노래로 전달하는 타령과, 한 대목에서 다른 대목으로 넘어갈 때 리듬에 맞춰 빠르게 이야기하는 공연이다. 이때 광대들은 감정 표현을 숨김없이 솔직하게 하여서 관객들이 판소리 공연에 빠져들게 했고, 지켜보는 관중들까지도 “얼쑤”, “좋다”와 같은 추임새를 넣으며 함께 어울릴 수 있게 했다. 판소리는 서민들을 포함하여 양반들에게까지 인기를 끌었다.

신재효(1812년~1884년)
중인 출신의 판소리 이론가이자 비평가로 판소리 6마당을 집성했다.

당시 인기 있었던 판소리 공연에는 이몽룡과 춘향이의 사랑을 다룬 「춘향가」와 중국 삼국지에 나오는 적벽대전을 다룬 「적벽가」, 효녀 심청이의 이야기인 「심청가」, 욕심쟁이 형에게 미움 받던 아우가 착한 심성으로 성공하는 내용인 「흥부가」 등이 있었다.

보통 판소리 중에는 한글 소설의 일부를 노래로 바꾸고, 일부는 사설, 즉 이야기로 만들어 공연하는 것들이 많았다. 판소리는 악보나 가사집 없이 광대들의 입에서 입으로 전해졌다. 19세기 후반에 신재효는 전해져오던 판소리를 정리하고 일부를 창작하여 12마당으로 만들기도 했다.

판소리와 함께 탈놀이와 산대놀이도 조선 후기 때 널리

유행했다. 탈놀이는 지방의 마을에서 마을의 안녕을 빌기 위해 행해지던 마을굿의 일부로 행해지던 공연이다. 산대놀이는 도시의 상인들과 중인층들의 지원을 받아 산대라는 무대에서 공연되던 가면극으로 황해도의 봉산탈춤과 경상도 안동의 하회탈춤, 경기도 양주의 별산대놀이, 경상도 고성과 통영의 오광대놀이, 함경도의 북청사자춤이 유명하다. 이들 공연의 내용은 주로 양반들의 허세와 거짓됨을 비판하는 내용들이 대부분이었다.

이밖에도 꼭두각시극과 비슷한 인형극이 유행했고, 안성 남사당놀이처럼 사당패라 불리는 풍물놀이패가 조직되어 각종 묘기와 사물놀이를 보여주면서 인기를 끌었다.

판소리와 탈춤, 인형극과 사당패를 물질적으로 지원해 준 후원자들 중에는 상공업에 종사하던 서민들이 많았다. 당시 상업이 크게 발달하면서 시장에 사람들이 몰려들기 시작했고, 더 많은 사람을 모으려면 판소리와 탈춤과 같은 볼거리가 필요했다. 이러한 공연들이 널리 행해지면서 당시 사회를 바라보던 서민들은 점차 그들의 사회 의식을 높여갔다.

양주 별산대놀이
서울과 중부지방에 내려오는 산대놀이의 하나이다.

신재효 생가(전북 고창)
신재효는 조선 후기 구전되던 판소리 작품들을 모아 정리했고, 또한 판소리 공연을 후원하여 공연이 열릴 수 있게 했다. 또한 진채선이라는 여성 광대도 길러내어 여성도 판소리 공연을 할 수 있는 길을 열어주었다.

판소리 공연 모습(기산풍속도)

기산풍속도첩은 개화기에 활동했던 풍속화가 기산 김준근이 그린 풍속화첩이다. 전문 소리꾼인 광대가 고수의 장단에 맞춰 소리를 하는 모습을 표현하고 있다.

광대(기산풍속도)

머리에 고깔을 쓴 줄광대가 아래에 있는 광대와 재담을 하면서 줄을 타고 있다.

봉산탈춤(2과장 8목중 놀이의 일부)

황해도 봉산군 동선면 길양리에서 전승되다가 1915년경 사리원으로 옮겨 전승되던 탈춤이다. 해서 지방에서는 5일장이 서는 거의 모든 장터에서 탈꾼들을 초빙하여 1년에 한 번씩 탈춤을 추며 놀았다고 한다.

안동 하회 별신굿 탈놀이

서낭제의 탈놀이에서 유래한 것으로 중요 무형문화재 제69호이다.

남사당 풍물 놀이

남자들로 구성된 유랑 광대극으로 유네스코 인류 무형 문화유산이다.

6. 새로워진 그림과 공예품, 음악이 발전하다

영조와 정조 시대의 정치가 안정되면서 다양한 문화가 꽃을 피우기 시작하였다. 이때부터 우리 문화에 대한 자부심이 커지면서 민족 고유의 정서와 자연을 표현하려는 움직임이 일어나게 되었다.

조선 전기에는 주로 중국에서 유행했던 화풍의 영향을 받아 안견이 꿈에 나온 상상의 모습을 그린 「몽유도원도」나 산의 절벽과 자연을 즐기는 선비의 모습을 그린 「고사관수도」와 같은 그림들이 그려졌었다. 그러나 조선 후기로 오면서 우리 자연을 사실적으로 그리는 진경산수화와 함께 당시 사람들의 일상 생활 모습을 소재로 하는 풍속화 등이 유행하였다.

진경산수화는 전문 화가들이 주로 그렸는데, 이들은 우리의 산과 물이 담긴 경치들을 잘 나타낼 수 있도록 붓의 움직임과 먹을 조절하여 산의 바위와 강물을 표현했다. 진경산수화의 대가는 정선으로 그는 양반

삼척 죽서루(김홍도)

관동팔경의 하나로 창건 연대와 창건자는 알 수 없으나 1266년(고려 원종 7) 이승휴가 시를 지었다는 기록이 있어 그 이전에 창건된 것으로 추정된다. 1403년(태종 3)에 삼척 부사 김효손이 다시 지었다고 전해진다.

출신임에도 화원이 됐다. 정선은 서울 근처와 강원도의 유명한 경치 좋은 곳들을 두루 살펴보고 자신이 직접 본 것들을 사실적으로 그렸다. 대표적인 작품으로는 서울의 인왕산을 그린 「인왕제색도」, 금강산을 여러 차례 답사하여 그린 「금강전도」 등이 있다.

정선 이외에 조선 후기의 대표적인 화가로 김홍도가 있었다. 그는 산수화와 풍속화 모두에서 뛰어난 재능을 보였는데, 서민들의 생활 모습을 솔직하게 그린 풍속화를 잘 그

고사관수도(강희안)

조선 초기 화가인 강희안(1417년~1464년)은 문과에 급제하여 벼슬에 올랐던 양반으로 그림 그리는 일이 천하게 여겨지던 때에 그는 여러 산수화를 남겼다. 그림 속을 보면 바위에 기댄 채 물을 보며 생각에 잠겨 있는 고결한 선비의 모습이 그려져 있다.

정선의 인왕제색도(리움미술관)

조선 후기 화가 정선(1675년~1759년)이 그린 그림으로 비온 뒤 안개가 낀 인왕산을 직접 보고 그린 진경산수화이다. 생생한 현장감을 느낄 수 있도록 붓을 대단히 섬세하게 사용하였다고 평가된다.

단원(김홍도) 풍속화첩 씨름도(국립중앙박물관)
조선 후기 풍속화가인 김홍도가 그린 단원풍속도첩의 풍속화 중 하나로, 관객들이 원형으로 둘러앉은 가운데 씨름꾼들이 경기 하는 장면을 실감나게 그렸다.

미인도(신윤복, 간송미술관)
조선 후기 풍속화가인 신윤복이 그린 풍속화로 전통적인 미인의 모습을 사실적으로 표현하였다.

렸다. 김홍도의 그림들을 보면 서당에서 공부하는 모습, 씨름하는 장면, 밭을 갈거나 추수를 하는 장면, 대장간에서 일하는 모습 등 서민들이 일하는 모습을 간결하면서도 익살스럽게 잘 묘사했다. 이 그림들을 통해서 우리는 김홍도가 살았던 18세기 후반의 사람들에 활기찬 일상 모습을 생생하게 엿볼 수 있다.

김홍도가 서민들의 모습을 주로 그렸다면, 비슷한 시기에 활약한 신윤복은 김홍도와는 달리 부녀자들의 모습을 많이 다루었다.

조선 후기 때 일반 백성들 사이에서는 민화도 크게 유행했다. 민화는 주로 실내를 장식하거나 좋은 뜻을 담아 걸어두는 실용적인 그림이었다. 민화의 소재들은 십장생이나 해·달·꽃·나무·동물·물고기와 같은 자연을 소재로 했

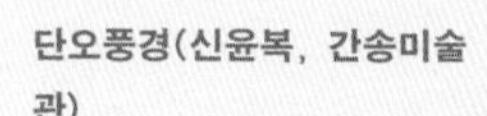

단오풍경(신윤복, 간송미술관)
음력 5월 5일 단오는 조선 시대 때 설날, 추석과 함께 3대 명절에 꼽히는 큰 명절이었다. 단옷날은 여성들과 관련된 행사들이 많이 있었는데, 대표적으로 창포물에 머리 감기와 그네타기와 같은 것들이 있었다. 신윤복은 여성들이 목욕하는 장면을 훔쳐보는 모습을 익살스럽게 그렸다.

去年以晚學大雲二書寄來今年又以
藕耕文編寄來此皆非世之常有購之
千万里之遠積有年而得之非一時之
事也且世之滔滔惟權利之是趨爲之
費心費力如此而不以歸之權利乃歸
之海外蕉萃枯槁之人如世之趨權利
者太史公云以權利合者權利盡而交
疏君亦世之滔滔中一人其有超然自
拔於滔滔權利之外不以權利視我耶
太史公之言非耶孔子曰歲寒然後知
松柏之後凋松柏是毋四時而不凋者
歲寒以前一松柏也歲寒以後一松柏
也聖人特稱之於歲寒之後今君之於
我由前而無加焉由後而無損焉然由
前之君無可稱由後之君亦可見稱於
聖人也耶聖人之特稱非徒爲後凋之
貞操勁節而已亦有所感發於歲寒之
時者也烏乎西京淳厚之世以汲鄭之
賢賓客與之盛衰如下邳榜門迫切之
極矣悲夫阮堂老人書

는데, 오래 살라는 뜻의 수(壽)나 효도하라는 효(孝) 자와 같이 글자 모양을 그림으로 그렸다.

서예에서는 김정희가 예전부터 전해 내려오는 필체들을 두루 연구해서 굳센 기운을 담은 추사체라는 독특한 글씨체를 만들어내 서예의 새로운 경지를 개척했다.

그림과 서예의 발전과 함께 공예 기술도 많이 발전했다. 특히 경제가 발전하면서 공예에 대한 관심이 높아졌고, 공예 기술의 수준도 높아졌다.

18세기 때는 백자에 파란색 무늬가 들어가 있는 청화백자가 유행했다. 이후 18세기 후반 영조와 정조 때에는 주로 왕실을 중심으로 순백색의 백자와 간결한 무늬의 청화백자들이 활발히 제작되었다.

김정희(1786년~1856년)
김정희는 조선 후기 뛰어난 학자이자 시, 그림, 문학작품 등에 고루 능했던 예술가였다. 그는 제주도에 유배간 시절 추사체라는 독특한 글씨체를 완성하였다.

세한도(김정희, 국립중앙박물관)
추사 김정희의 세한도는 청나라에 다녀온 제자 이상적이 귀한 책을 선물하자 이를 화답하기 위해 그린것이다. "겨울이 오고나서야 소나무와 잣나무가 늦게 시든다는 사실을 알게 됐다"는 내용이다. 즉, 추사가 고난과 역경 속에서도 변함없는 제자에 대한 고마움을 표현한 내용이다.

청화백자

추사체(김정희)단연 죽로 시옥(端硏 竹爐 詩屋)

'벼루 중 가장 좋은 단계석 벼루, 차를 끓이는 대나무 화로, 시를 지으며 살 수 있는 작은 집'이란 뜻이다.

백자 대호(달항아리)

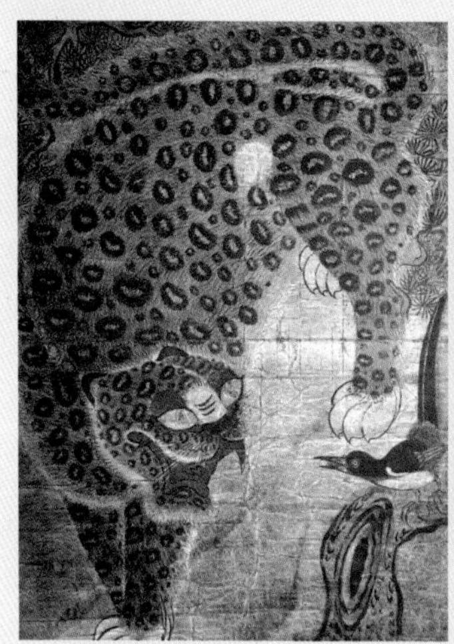

호작도(까치와 호랑이)

책가도

문자도

7. 의학과 천문, 건축 등의 기술이 발전하다

조선 후기 지배 세력들이 성리학에만 관심을 가져 과학 기술이 발전에 소홀하지 않았나 착각할 수도 있지만 이때도 의학과 과학 기술은 계속해서 발전했다. 의학은 임진왜란과 병자호란의 큰 전쟁을 겪으면서 발전할 수 있었다.

17세기 초에 허준은 전통적으로 내려오던 한의학을 체계적으로 정리하여 『동의보감』을 편찬했다. 그는 전쟁 중에 고통 받던 백성들에게 직접 도움을 주고자 값싼 약재를 사용한 치료 방법들을 개발하여 이 책에 담았다. 『동의보감』은 중국과 일본에서도 간행되어 그들 나라의 의학에도 영향을 주었다.

19세기에 와서는 이제마가 『동의수세보원』을 써서 사상 의학이란 독특한 이론을 만들어냈다. 그는 사람은 각자 타고나는 체질이 있다고 하여, 체질을 4가지로 구분하여서 각 체질에 맞는 치료 방법을 만들어냈다. 이는 오늘날에도 한의학계에서 널리 사용되고 있다.

과학 기술 또한 전통 과학 기술과 함께 중국에서 들여온 서양 과학 기술을 이용하여 한 단계 높은 수준으로 발전시켰다. 우선 농사를 짓는데 중요한 기후를 살펴볼 수 있는 천문학이 서양 과학의 영향을 받아 발전하였다.

허준(1539년~1615년)
허준은 조선 중기의 의관이자 의학자로 선조 대에 활약했다. 그는 임진왜란 때 선조가 피란길을 떠나자 임금을 곁에서 보좌하여 큰 신임을 얻었으며, 이후 왕세자의 병까지 고침으로써 큰 상을 받게 되었다. 이후 1610년에 조선 최고의 의학 서적으로 꼽히는 『동의보감』을 완성하기도 하였다.

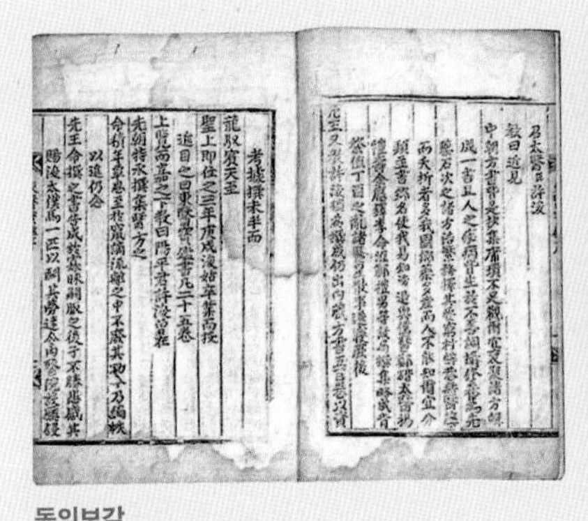

동의보감
현재 국보이면서 2009년 유네스코 세계 기록 유산으로 등재됐다.

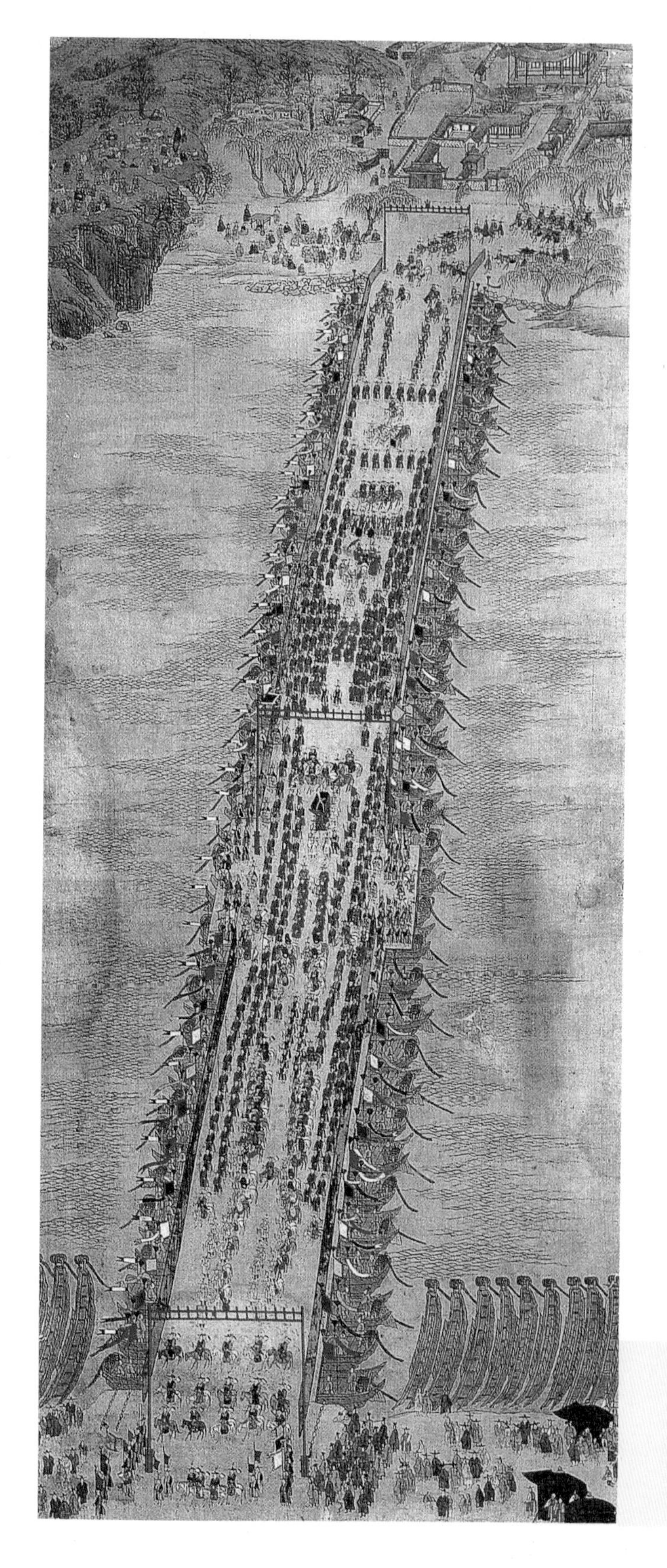

서양의 달력법이 들어오면서 우리나라의 천문학 발달에 자극을 주었다. 김석문은 지구가 하루 한 바퀴씩 회전하여 낮과 밤이 생긴다는 지전설을 주장하여 당시 성리학자들이 지구가 우주의 중심이라 생각하던 것이 잘못됐음을 비판했다.

여러 도구를 만드는 기술도 발전했는데, 정약용은 서양 선교사가 중국에서 펴낸 『기기도설』이란 책을 참고하여 스스로 많은 기계를 제작하거나 설계했다. 특히 그는 수원 화성을 쌓을 때 거중기란 장비를 만들어서 공사비를 줄이고 공사 기간을 크게 단축하는데 도움을 주었다. 또한 정조가 수원에 행자할 때 배를 타지 않고 한강을 건널 수 있도록 배다리를 설계하여 정조와 그를 따르는 사람들이 편리하게 강을 건너도록 했다.

한편, 조선 후기에 새롭게 등장한 부농층과 상공업자들의 지원 아

한강 배다리(수원 능행도의 일부)
정조가 아버지 묘인 현륭원을 다녀오면서 건널 때 설치한 다리로, 그림의 장면은 1795년 윤 2월 16일 노량진쪽에서 한양으로 들어오는 행렬 모습이다.

래 많은 사찰이 건축되었다. 조선 후기를 대표하는 규모가 큰 사찰들에는 금산사 미륵전, 화엄사 각황전, 법주사 팔상전 등이 있다.

조선 후기에는 농업 기술에 대한 관심도 커지면서 여러 권의 농업 관련 책들이 만들어졌다. 17세기 중엽에 신속이 『농가집성』을 펴내어 벼농사를 잘 지을 수 있는 방법을 소개했다. 특히 이 책에서는 이앙법, 즉 모내기법을 담아서 이앙법이 농가에 널리 보급되는데 기여했다.

보은 법주사 팔상전(충북 보은)
신라 진흥왕 때 처음 지어졌던 법주사는 정유재란 때 불에 타고 말았다. 이후 다시 지어지기 시작하여 인조 때 완성됐다. 법주사의 가운데에는 5층 높이의 목탑인 팔상전이 있는데, 높이가 22.7m이다. 팔상전 안의 벽에는 석가모니의 일생을 8폭의 그림으로 그린 팔상도가 걸려 있다.

구례 화엄사 각황전(전남 구례)
신라 때 처음 지어진 화엄사는 이후 여러 번 다시 지어졌다가 임진왜란 때 전체 건물이 불에 타고 말았다. 이후 인조 대에 다시 짓기 시작하여 7년 여 만에 다시 일으켜 세웠다. 각황전은 우리나라에서 가장 큰 법당이다.

김제 금산사 미륵전(전북 김제)
금산사는 후백제의 견훤이 아들 신검에 의해 갇혔던 것으로 유명한 절이다. 임진왜란 때 불에 타고 말았으나, 선조 때부터 다시 지어져 인조 임금 대에 완성됐다. 우리나라에서 볼 수 있는 유일한 3층으로 된 법당이다.

조선 왕조 계보

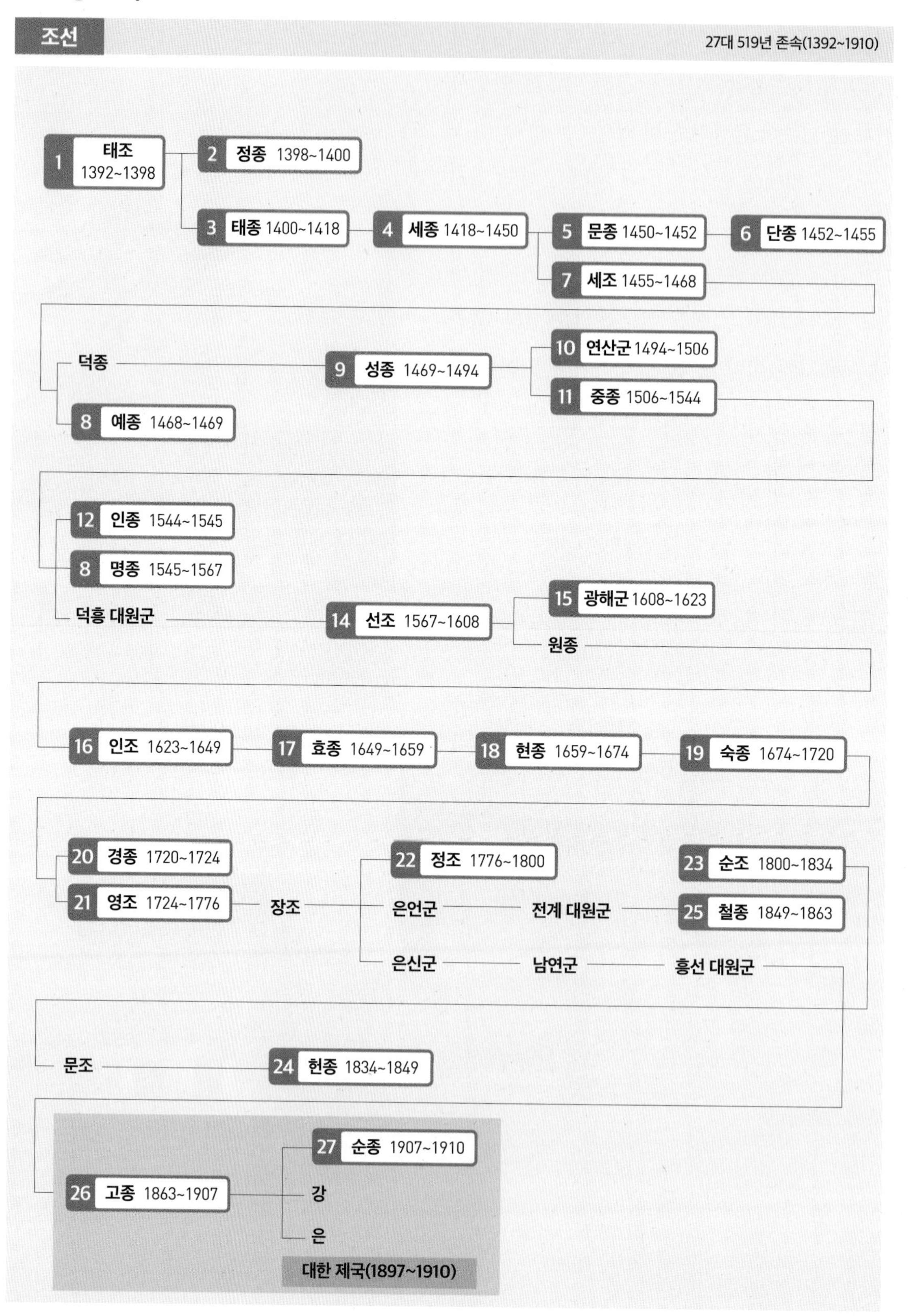
조선
27대 519년 존속(1392~1910)
1 태조 1392~1398
2 정종 1398~1400
3 태종 1400~1418
4 세종 1418~1450
5 문종 1450~1452
6 단종 1452~1455
7 세조 1455~1468
덕종
8 예종 1468~1469
9 성종 1469~1494
10 연산군 1494~1506
11 중종 1506~1544
12 인종 1544~1545
8 명종 1545~1567
덕흥 대원군
14 선조 1567~1608
15 광해군 1608~1623
원종
16 인조 1623~1649
17 효종 1649~1659
18 현종 1659~1674
19 숙종 1674~1720
20 경종 1720~1724
21 영조 1724~1776
장조
22 정조 1776~1800
은언군
전계 대원군
은신군
남연군
흥선 대원군
23 순조 1800~1834
25 철종 1849~1863
문조
24 헌종 1834~1849
26 고종 1863~1907
27 순종 1907~1910
강
은
대한 제국(1897~1910)

연표

구분				
우리 나라	조	선	시	대
주요 사항	1392 고려 멸망, 조선 건국 1394 한양 천도	1403 주자소 설치 1411 5부 학당 설립 1412 시전 설치 1413 8도 행정 조직 완성 태조 실록 편찬 1416 4군 설치 1420 집현전 확장 1436 6진 설치	1441 측우기 제작 1443 훈민정음 창제 1446 훈민정음 반포 1466 직전법 실시 1485 경국대전 완성	1510 3포 왜란 1543 백운동서원 건립 1555 을묘왜변 1592 임진왜란(~1598) 한산도 대첩(이순신) 1593 행주 대첩(권율)
연대	1300	1400		1500
주요 사항	1356 황금 문서 발표 1368 원 멸망, 명 건국	1405 정화, 남해 원정 (1433) 1429 잔 다르크, 영국군 격파	1455 구텐베르크, 활판 인쇄술 시작 1453 비잔티움 제국 멸망 1455 장미 전쟁(~1485) 1492 콜롬버스, 아메리카 항로 개척 1498 바스쿠 다가마, 인도 항로 개척	1517 루터, 종교 개혁 1519 마젤란, 세계 일주(~1522) 1524 독일의 농민 전쟁 1536 칼뱅, 종교 개혁 1562 위그노 전쟁(~1598) 1588 영국, 무적 함대 격파 1598 낭트 칙령 발표 1600 영국, 동인도 회사 설립
중국	명(明, 1368~1644)			
일본	무로마치(室町) 막부 시대(1338~1573)		센고쿠(戰國) 시대(1467~1590)	
서양	중	세	사	회

연표

우리 나라	조선 시대		
주요 사항	1608 대동법 실시(경기도) 1609 기유약조 체결(일본) 1610 허준, 동의보감 완성 1623 인조반정 1624 이괄의 난 1627 정묘호란 1628 벨테브레이, 제주도 표착 1631 정두원 · 천리경 · 자명종, 화포 등 전래 1636 병자호란	1645 소현세자, 서양 서적 전래 1653 하멜, 제주도 표착 김육, 시헌력 도입 1658 나선 정벌(2차) 1659 대동법 실시(호서 지방) 1662 제언사 설치 1678 상평통보 주조 1696 안용복, 독도에서 일본어민 축출	1708 대동법, 전국 확대 시행 1712 백두산정계비 건립 1725 탕평책 실시 1750 균역법 실시 1763 고구마 전래 1776 규장각 설치 1785 대전통편 완성 1786 서학 금함
연대	1600		1700
주요 사항	1603 일본, 에도 막부 성립 1616 후금 건국 1618 독일, 30년 전쟁(~1648) 1628 영국, 권리 청원 제출	1642 영국, 청도교 혁명 1644 청, 중국 통일 1651 크롬웰, 항해 조례 발표 1688 영국, 명예 혁명 1689 네르친스크 조약 체결 영국, 권리 장전 발표	1740 오스트리아 계승 전쟁 1762 루소, 사회계약론 발표 1765 와트, 증기 기관 발명 1776 미국, 독립 선언 발표 1789 프랑스 혁명, 인권 선언
중국	명(明, 1368~1644)	청(淸, 1636~1911)	
일본	에도(江戶) 막부 시대(1603~1687)		
서양	근대 사회		

조 선 시 대

1801 신유박해	
황사영 백서 사건	
1810 이규경, 오주연문장전산고 저술	1836 금 · 은광 잠채 금지
정약용, 아방강역고 저술	1839 기해박해
1811 홍경래의 난	1860 최제우, 동학 창시
1823 비변사, 서얼 허통 건의	1861 김정호, 대동여지도 제작
1831 천주교 조선 교구 설치	1862 임술 농민 봉기
1832 영국 상선 애머스트호 통상 요구	삼정이정청 설치

1800

1814 빈 회의(~1815)	1840 아편 전쟁(~1842)
1830 프랑스, 7월 혁명	1848 프랑스, 2월 혁명
1832 영국, 선거법 개정	1850 중국, 태평 천국 운동
	1858 인도, 무굴 제국 멸망
	1860 베이징 조약 체결
	1861 이탈리아 왕국 성립
	미국, 남북전쟁(~1865)
	1862 중국, 양무 운동 추진

청(淸, 1636~1911)

메이지(明治) 시대(1868~1912)

근 대 사 회

유네스코 등재 유산

유네스코 세계 문화유산(조선 시대)

종묘

· 종묘 (1995년)

종묘는 조선 역대 왕과 왕비 및 추존된 왕과 왕비의 신주를 모신 유교사당이다. 1394년 한양으로 도읍을 옮긴 그해 12월에 착공하여 이듬해 9월에 완공하였다. 정전을 비롯하여 별묘인 영녕전과 전사청, 재실, 향대청 및 공신당, 칠사당 등의 건물이 있다. 현재 정전에는 19실에 49위, 영녕전에는 16실에 34위의 신위가 모셔져 있고, 공신당에는 공신 83위가 모셔져 있다. 정면이 매우 긴 형식의 희귀한 건축유형이다.

· 창덕궁 (1997년)

인정전

주합루(규장각)

1405년 경복궁의 이궁으로 지었고 광해군이 정궁으로 사용한 후부터 1872년 경복궁을 중건할 때까지 258년 동안 역대 제왕이 정사를 보살펴 온 궁궐이다. 가장 오래된 궁궐 정문인 돈화문, 신하들의 하례식이나 외국사신의 접견장소로 쓰이던 인정전, 국가의 정사를 논하던 선정전과 왕가 일족이 거처하는 희정당, 침전공간이었던 대조전 등이 있다. 특히 왕들의 휴식처로 사용되던 후원이 아름답다.

· 수원 화성 (1997년)

정조가 아버지 사도세자의 묘를 명당인 수원의 화산으로 이전하고, 이곳을 강력한 왕도정치의 실현을 위한 중심지이자 수도 남쪽의 국방요새로 활용하기 위해 축성되었다. 1794년 1월에 착공하고 1796년 9월에 완공하였다. 축성시에 거중기, 녹로 등 새로운 기계를 고안·사용하였다. 부속 시설물은 일부인 낙남헌만 남아있다.

화서문과 공심돈

낙남헌

· 조선 왕릉 (2009년)

조선시대의 왕릉은 당시 국가통치 이념인 유교와 그 예법에 근거하여 시대에 따라 다양한 공간의 크기, 문인과 무인 공간의 구분, 석물의 배치, 기타 시설물의 배치 등이 특색을 띠고 있다. 특히 왕릉의 석물 중 문인석, 무인석의 규모와 조각양식 등은 예술성을 각각 달리한다. 공간은 속세의 공간인 진입 공간(재실, 연못, 금천교), 제향 공간(홍살문, 정자각, 수복방), 그리고 성역 공간(비각, 능침공간)의 3단계로 구분되어 조성되었다.

건원릉(태조) 동구릉에 있다.

헌릉(태종, 원경왕후)

• **역사 마을 : 하회와 양동 (2010년)**

씨족마을은 조선 초기에 형성되기 시작하였고 조선 후기에는 전체 마을 중 약 80%를 점하게 되며, 오늘날까지 그 명맥을 유지하고 있다. 가장 대표적인 양반마을이면서 씨족마을은 안동 하회와 경주 양동에 있다. 두 마을에는 양반 씨족마을의 대표적인 구성 요소인 종가, 살림집, 정사와 정자, 서원과 서당 등이 남아 있다.

안동 하회마을

경주 양동마을

• **남한산성 (2014년)**

남한산성은 외적의 침입 등의 비상 상황에 조선의 임시 수도 역할을 했던 곳이다. 이곳에는 옛 삼국 시대 때 지어진 성벽과 고려 시대 때의 건물터도 남아 있다. 이후 조선 시대에 들어 인조 임금 때 후금의 위협을 받자 산성을 보수하여 지금의 형태가 되었다. 이러한 남한산성의 오랜 역사를 비추어 보면 우리나라에서 산성을 쌓는 기술이 발달해 온 형태를 확인할 수 있다.

17세기 때 남한산성을 보수하는 과정에서 조선은 중국과 일본의 축성 기술을 들여와 이를 참고하였다. 왜냐하면 임진왜란과 두 차례의 호란을 겪으면서 조선은 일본과 청의 군대를 막아낼 수 있도록 성을 보수해나갔기 때문이다. 그래서 남한산성에는 동아시아 여러 지역의 축성 기술과 무기 기술의 영향을 받은 흔적이 남아 있다.

유네스코 세계 기록 유산

• 『훈민정음』(1997)

1443년 조선 세종이 그 당시 사용되던 한자를 많은 백성이 배워 사용할 수 없는 사실을 안타까워하여 우리말의 표기에 적합한 문자체계(한글)를 완성하며 탄생했다. '훈민정음'이란 뜻은 '백성을 가르치는 올바른 소리'란 뜻이다. 한글은 창제 당시 28자로 오늘날에는 24자만 사용되는데, 배우고 사용하기에도 편리한 문자체계는 그 자체로도 독창적, 과학적이라고 인정되고 있다.

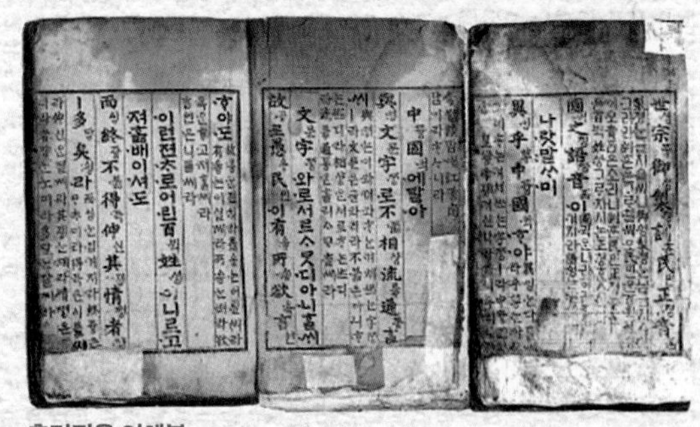
훈민정음 언해본

• 『조선왕조실록』(1997)

조선의 태조로부터 철종까지 25대 472년 간(1392-1863)의 역사를 연·월·일 순서에 따라 기록한 책이다. 세계적으로 그 유례가 없는 귀중한 역사 기록물로 실록을 편찬한 사관은 관직으로서의 독립성과 기술에 대한 비밀성을 제도적으로 보장받았다. 임진왜란과 병자호란을 거치면서 소실되기도 하였으나 그때마다 재출간하거나 보수하여 정족산, 태백산, 적상산, 오대산의 4사고(史庫)에 각각 1부씩 전하여 내려왔다.

조선왕조실록

• 『승정원일기』(2001년)

승정원은 조선 정종 대에 창설된 기관으로 국가의 모든 기밀을 취급하던 국왕의 비서실이다. 1623년 3월부터 1910년까지의 국정 전반 기록 총 3,243책(글자 수 2억4천250만자)이 남아 있는데 세계 최대의 연대 기록물이다. 조선왕조실록, 일성록, 비변사등록과 함께 한국의 역사와 문화를 알리는 자료이다.

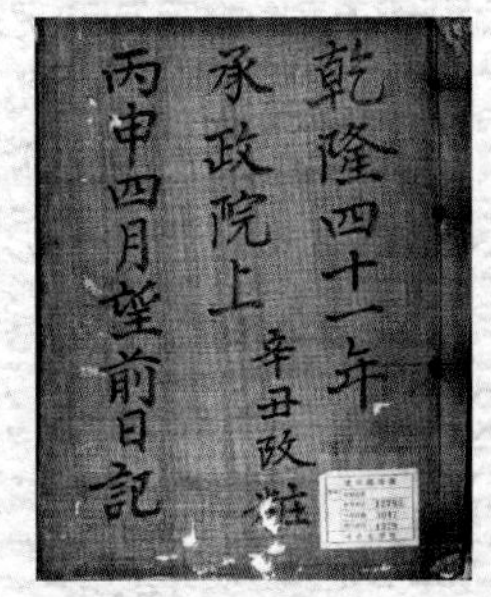

승정원일기

• 『조선왕조 의궤』(2007년)

조선 왕조의 유교적 국가의례를 중심으로 국가 중요행사를 그림과 글로 체계적으로 작성한 총 3,895여 권의 방대한 분량의 기록물이다. 왕실의 생활상을 시각적으로 이해할 수 있는 귀중한 자료이다. 이런 시각 중심 형태의 기록 유산은 뛰어난 화원과 사관의 공동 작업을 통해서만 만들어질 수 있다.

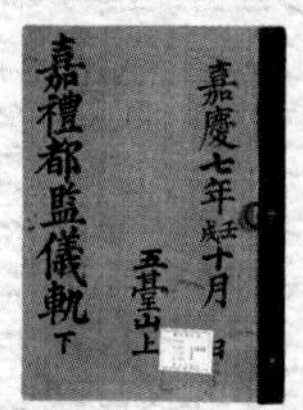

조선왕조 의궤

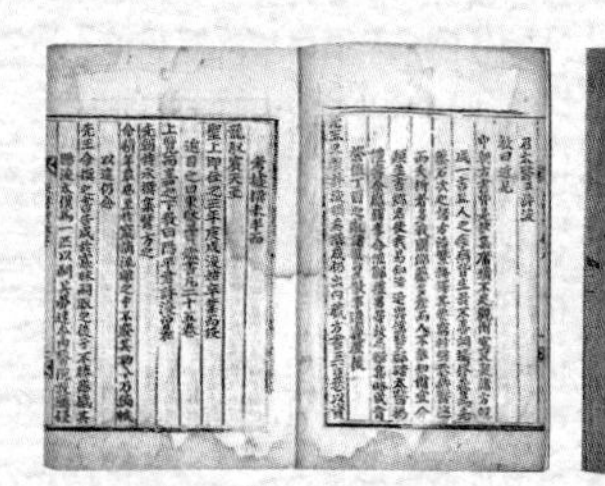
동의보감

• 『동의보감』 (2009년)

선조 30년(1597) 임금의 병과 건강을 돌보던 허준(1539~1615)이 선조의 명을 받아 중국과 우리나라의 의학 서적을 하나로 모아 편집에 착수하여 광해군 3년에 완성하고 광해군 5년에 간행한 의학 서적이다. 총 25권 25책으로 나무활자로 발행하였다. 이 책은 허준이 관직에서 물러난 뒤 16년 간의 연구 끝에 완성한 한의학의 백과사전격인 책이다. 이후 중국과 일본에도 소개되었고, 현재까지 우리나라 최고의 한방의서로 인정받고 있다.

• 『일성록』 (2011년)

1760년(영조 36)에서 1910년까지 151년 동안의 국정 운영 내용을 매일 매일 일기체로 정리한 국왕의 일기다. 왕의 관점에서 펴낸 일기의 형식을 갖추고 있으나 실질적으로는 정부의 공식적인 기록물이다. 필사본으로 한 질만 편찬된 유일본이며 총 2,329책으로 구성되어 있고 21개월분만 누락되어 있다.

일성록

• 『난중일기』 (2013년)

임진왜란의 영웅 이순신이 1592년 1월 1일부터 1598년 11월 17일까지 7년 간의 군중생활을 직접 기록한 친필 일기이다. 1595년의 을미일기를 뺀 총7책이 보존되어 전해오고 있다. 비록 개인의 일기 형식의 기록이지만, 전쟁 기간 중 수군의 최고 지휘관이 직접 매일 매일의 전투 상황과 개인적 소회를 현장감 있게 다루었다는 점에서 역사적으로나 세계사적으로 유례를 찾을 수 없는 기록물이다.

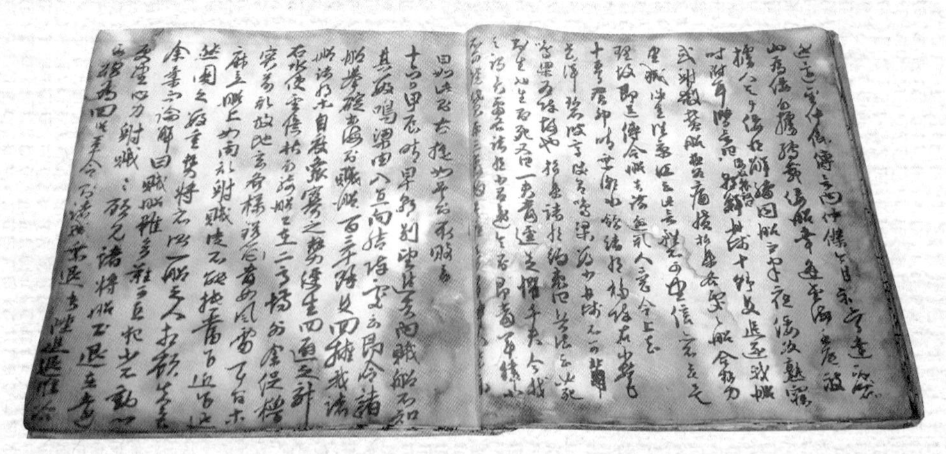
난중일기

· 한국의 유교책판(2015년)

유교책판은 조선시대 유학자들이 쓴 책을 나무판에 새겨 넣은 책판이다. 유교책판은 국가가 나서서 작업한 것이 아니라 당시대의 각 지역의 지식인들이 모여 집단을 구성하여 만들어낸 것이다. 책판을 만드는 데 오랜 시간과 많은 비용, 그리고 세대를 이은 노력이 들었는데, 유학자들의 집단이 이를 공동으로 부담하였다.

305개 문중과 서원에서 보내온 718종의 서적이 새겨진 책판은 총 64,226장에 달하였다. 책판 속에 담긴 저작물들은 정치, 경제를 비롯하여 문학, 대인관계, 철학 등을 망라하는 방대한 내용을 담고 있었다. 이들 저작물들은 305개 문중에서 대대로 내려오면서 길게는 500년 이상을 보관해온 것들로 모두 출처가 분명한 진본이었다.

특히 유교책판에는 단순히 예전 시대의 저작물을 판에 찍어 보관해온 것을 넘어서서, 집단 지성을 통하여 기존의 저작물들을 비판한 내용이 담겨 있다. 이렇게 소중한 유교책판은 각각 한 질만 만들어졌기 때문에 현재까지 전해진 것이 유일한 판이다.

한국국학진흥원 장판각

현재 한국국학진흥원(경북 안동)에서 보존 · 관리하고 있다.

유네스코 인류 무형 유산

종묘 제례악

• 종묘 제례 및 종묘제례악 (2001)

종묘제례란 종묘에서 행하는 제향의식으로, '종묘대제(宗廟大祭)'라고도 한다. 종묘제례는 왕실에서 거행되는 국가 제사이다. 종묘제례악은 종묘에서 제사를 드릴 때 의식을 장엄하게 치르기 위하여 연주하는 기악·노래·춤을 말한다. 국가를 세우고 발전시킨 왕의 덕을 찬양하는 내용으로 되어 있으며, 춤이 곁들여지고 타악기, 현악기 등 여러 악기가 연주된다.

판소리

• 판소리 (2003년)

한 명의 소리꾼이 고수(북치는 사람)의 장단에 맞추어 소리(창), 아니리(말), 너름새(몸짓)를 함께 하는 것으로, '판'과 '소리'의 합성인데, '많은 청중들이 모인 놀이판에서 부르는 노래'라는 뜻을 가지고 있다. 전라도 지방을 중심으로 넓은 지역에 전승되어 지역에 따라 동편제, 서편제, 중고제로 나뉜다. 처음에는 판소리 열두 마당이라 하여 그 수가 많았으나 후에 예술적으로 다듬어져 판소리 다섯마당으로 정착되었다. 삶의 희로애락을 해학적으로 표현하고 청중도 참여한다는 점에서 가치가 크다.

강릉 농악

강릉 관노놀이(가면극)

• 강릉 단오제 (2005년)

단오(음력 5월 5일)는 보리 수확과 모 심기가 끝난 뒤 풍농을 기원하는 농경사회의 명절이다. 강릉단오제는 음력 4월부터 5월초까지 한 달에 걸쳐 강릉시를 중심으로 벌어지는 대한민국 최대 규모의 전통축제로 유교, 무속, 불교, 도교를 배경으로 한 제례와 단오굿, 가면극, 농악, 농요 등 다양한 의례와 공연은 뛰어난 예술성을 보여준다. 그네뛰기, 씨름, 창포머리감기, 수리취떡먹기 등 한국의 독창적인 풍속도 행해지고 있다.

• 강강술래 (2009년)

우리나라의 대표적인 세기절기인 설, 대보름, 단오, 백중, 추석, 9월 밤에 행해졌으며 특히 8월 추석날 밤에 대대적인 강강술래 판이 벌여졌다. 강강술래는 노래, 무용, 음악이 삼위일체의 형태로 이루어진 것으로 노래 잘하는 한 사람이 설소리를 하면 모든 사람들이 뒷소리를 받는 선후창의 형태로 노래되며, 노랫소리에 맞춰 많은 여성이 손에 손을 잡고 둥글게 원을 그리며 춤을 춘다.

• 남사당놀이 (2009년)

남사당놀이는 꼭두쇠(우두머리)를 비롯해 최소 40명에 이르는 남자들로 구성된 유랑연예인인 남사당패가 방방곡곡을 돌며, 주로 서민층을 대상으로 조선 후기부터 연행했던 놀이이다. 남사당놀이는 ① 풍자를 통한 현실비판성을 담고 있다. ② 놀이공간은 야외의 공간이면 어느 곳이나 가능하다. ③ 전문적 유랑 집단으로서, 각 마을에 들어가면 우선 마을제당에서 풍물을 치며 안녕과 풍요를 기원해준다.

남사당놀이

• 영산재 (2009년)

영산재는 49재(사람이 죽은지 49일째 되는 날에 지내는 제사)의 한 형태로, 영혼이 불교를 믿고 의지함으로써 극락왕생하게 하는 의식이다. 석가가 영취산에서 행한 설법 회상인 영산회상을 오늘날에 재현한다는 상징적인 의미를 지니고 있다. 부처의 공덕을 찬양하기 위해 해금, 북, 장구, 거문고 등의 각종 악기가 연주되고, 바라춤·나비춤·법고춤 등을 춘다.

• 제주 칠머리당영등굿 (2009년)

제주시 건입동의 본향당인 칠머리당에서 하는 굿이다. 굿날이 되면 건입동 주민뿐만 아니라 제주 시내의 어부와 해녀들도 참가한다. 그리고 각 가정에서 제사에 쓰일 음식을 차려서 당으로 가져온다. 매인심방이 징과 북, 설쇠 등의 악기 장단에 맞추어 노래와 춤으로 굿을 진행한다. 우리나라 유일의 해녀의 굿이라는 점에서 그 특이성과 학술적 가치가 있다.

처용무

• 처용무 (2009년)

처용무란 처용 가면을 쓰고 추는 춤을 말한다. 궁중무용 중에서 유일하게 사람 형상의 가면을 쓰고 추는 춤으로, '오방처용무'라고도 한다. 통일 신라 헌강왕 때 살던 처용이 아내를 범하려던 역신(疫神 : 전염병을 옮기는 신) 앞에서 자신이 지은 노래를 부르며 춤을 추어 귀신을 물리쳤다는 설화를 바탕으로 하고 있다.

가곡원류 1876년(고종 13) 박효관과 안민영)이 편찬한 노래책으로 『청구영언』·『해동가요』와 더불어 3대 시조집으로 일컬어진다.

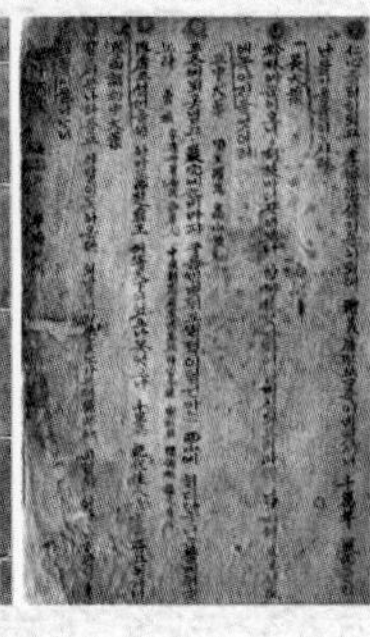

• 가곡 (2010년)

관현반주(管絃伴奏)가 따르는 전통성악곡으로 시조(우리나라 고유의 정형시)에 곡을 붙여서 관현악 반주에 맞추어 부르는 우리나라 전통음악이다. 지금의 가곡은 조선 후기부터 나타난 빠른 곡인 삭대엽에서 파생한 것으로, 가락적으로 관계가 있는 여러 곡이 5장형식의 노래 모음을 이룬 것이다.

• 대목장 (2010년)

전통적으로 나무를 다루는 사람을 목장이라 하였는데, 이 목장 가운데 궁궐이나 사찰 또는 가옥을 짓고 건축과 관계된 일을 대목(大木)이라, 그 일을 하는 장인을 대목장(大木匠)이라 불렀다. 이들은 설계, 시공, 감리 등 나무를 재료로 하여 집을 짓는 전 과정의 책임을 지는 장인이었다.

남사당 줄타기

• 줄타기 (2011년)

공중에 맨 줄 위에서 노래와 재담을 하면서 갖가지 재주를 부리는 놀이이다. 줄 위를 마치 얼음지치듯 미끌어지며 나가는 재주라고 하여 '어름' 또는 '줄얼음타기'라고도 부른다. 줄타기 공연자들은 줄광대, 어릿광대, 삼현육각재비로 나누어진다. 줄광대는 주로 줄 위에서 갖가지 재주를 보여주고 어릿광대는 땅 위에 서서 줄광대와 어울려 재담을 한다. 삼현육각재비는 줄 밑 한편에 한 줄로 앉아서 장구, 피리, 해금 등으로 광대들의 동작에 맞추어 연주한다.

택견(수박)

• 택견 (2011년)

택견은 우리나라 전통 무술의 하나로, 우쭐거려 생기는 탄력으로 상대방을 제압하고 자기 몸을 방어하는 무술이다. 고구려 고분 벽화에 택견을 하는 모습이 그려져 있어 삼국 시대부터 이미 택견이 행해졌음을 알 수 있다. 고려 시대에는 수박이라 하여 무인들 사이에서 성행하는 무예로 발전되었다. 조선 시대에는 대중화한 무술로 되어 무인뿐만 아니라 일반인들도 널리 행하게 되었다.

모시

• 한산 모시짜기 (2011년)

충청남도 서천 한산 지역에서 만드는 모시는 다른 지역에 비해서 품질이 우수하며 섬세하고 단아하다. 한산 지역에서 모시짜기가 성행한 이유는 이 지역이 모시풀의 생장 조건에 적합하기 때문이다

• 매사냥 (2012년)

매를 훈련하여 야생 상태에 있는 먹이를 매를 통해 잡는 방식이다. 매를 길들이기 위해서 방안에 가두어 키우는데, 이를 '매방'이라고 한다. 매를 길들이는 매 주인은 매방에

서 매와 함께 지내며 매와 친근해지도록 한다. 매사냥은 개인이 아니라 팀을 이루어서 하며, 꿩을 몰아주는 몰이꾼(털이꾼), 매를 다루는 봉받이, 매가 날아가는 방향을 봐주는 배꾼으로 구성되어 있다.

매사냥

• 아리랑 (2012년)

한국의 대표적인 민요로 '아리랑', 또는 그와 유사한 발음의 어휘가 들어 있는 후렴을 규칙적으로, 또는 띄엄띄엄 부르는 한 무리의 노래를 말한다. 가사가 일정하게 정해져 있지 않고 주제도 개방되어 있어 신분과 관계없이 자유롭게 노래할 수 있다는 특징을 가지고 있다. 태백산맥을 중심으로 발생된 아리랑은 정선 지역을 중심으로 점차 확산되어 한반도의 남서쪽인 전라남도의 진도, 남동쪽인 경상남도의 밀양 등지에서 전승 보존 단체가 결성되어 있다.

정선 아리랑

• 김장 문화 (2013년)

김장은 약 3,000여 년 전부터 행하던 한국의 전통문화 가운데 하나이다. 처음에는 침채·딤채라 하여 절임류 김치가 다수였다. 고려 때 이규보는 『동국이상국집』에서 순무장아찌와 소금에 절인 김치에 대해 소개하고 있다. 이후 조선 시대에 와서 다양화되었고 18세기에 간행된 『증보 산림경제』에는 30여 가지의 김치를 소개하고 있다.

김장은 품앗이와 나눔 문화를 형성하는데 중요한 역할을 하였고, 현재 까지도 행해지는 우리 문화의 소중한 전통이다. 아울러 우리 밥상에 밥, 국과 함께 없어서는 안될 주식으로 김치가 이해되어지고 있다.

김장(민속박물관)

• 농악(2014년)

농악은 '농사를 지을 때 연주하던 음악'을 뜻한다. 농악을 연주하며 마을 사람들은 마을의 신이나 농사의 신을 위한 제사를 지내거나 풍년을 기원하곤 하였다. 이때 꽹과리, 징, 장구, 북, 소고 등의 타악기를 합주하거나 마을 사람들이 춤을 추며 행진하였다.

농사는 여러 사람이 협력하여 지어야 했기 때문에 마을 공동체가 함께 농악을 즐기며 협동심을 다지곤 하였었다. 그리하여 농악은 각 지역 공동체별로 그 특징이 뚜렷하게 발전하였다. 크게는 경기도와 충청도, 강원도, 경상도, 호남 좌도, 호남 우도 등의 5개 지역에서 각기 다른 형태로 전해지고 있다.

농악은 각 시역의 특색이 잘 담겨 있어 다양한 형태를 띠고 있을 뿐만 아니라, 공연자들과 참여자들이 함께 어우러져 공동체의 화해와 협동을 다진다는 점에서 그 가치를 인정받아 등재되었다.

· 줄다리기(2015년)

줄다리기는 동아시아와 동남아시아의 벼농사 문화권에서 널리 행해졌던 놀이이다. 줄다리기를 하기 위해서는 우선 짚이 필요하였는데, 벼농사를 짓는 지역에서 추수가 끝나고 짚을 엮어매어 줄을 만들었다. 동아시아 각 지역에서 행해진 줄다리기는 편을 나누어 서로 마주보고 당긴다는 공통점과 함께 각 지역의 특성에 따라 창조적으로 이루어졌다. 줄다리기를 함으로써 마을 공동체 사람들은 협동심을 기르고 화합할 수 있었다. 줄을 제작하면서부터 마을 사람들은 함께 모여 일하며 협동하여야 했다. 모든 준비가 끝나면 줄다리기 시합을 하기 전에 마을 제사를 지내며 마을 사람들 간의 단결을 도모했었다.

우리나라에는 영산줄다리기, 기지시줄다리기, 삼척기줄다리기, 남해선구줄끗기 등의 다양한 줄다리기가 그 명맥을 이어오고 있다.

※내용은 문화재청 홈페이지를 이용하였다.

색인

ㄱ

ㅅ

ㅊ

ㅌ

ㅍ

ㅎ

참고 문헌

강민기 외, 『클릭, 한국미술사』, 예경, 2011.

고려대 한국사연구소, 『한국사』, 새문사, 2014.

국사편찬위원회, 『고등학교 국사』, 교육인적자원부, 2002.

국사편찬위원회, 『신편 한국사』 1-50권, 탐구당, 1994~1998.

권내현 외, 『미래를 여는 한국의 역사』 3 -조선시대- 웅진지식하우스, 2011.

김 돈, 『뿌리 깊은 한국사 샘이 깊은 이야기』 4 -조선전기-, 솔출판사, 2002.

김종수, 『뿌리 깊은 한국사 샘이 깊은 이야기』 5 -조선후기-, 솔출판사, 2002.

민속원, 『한국 역사 민속학 강의』 1, 민속원, 2010.

박광일·최태성, 『교과서 밖으로 나온 한국사』 조선, 2014, 씨앤아이북스, 2015.

변태섭 · 신형식, 『한국사통론』, 삼영사, 2006.

신형식 외, 『신 한국통사』, 주류성, 2014.

이기백, 『한국사신론』, 일조각, 1999.

이성무, 『사료로 본 한국 문화사』 조선후기, 일지사, 1984.

이우태 외, 『대학생을 위한 한국사』, 경인문화사, 2015.

이태진, 『사료로 본 한국 문화사』 조선전기, 일지사, 2000.

장경희 외, 『한국 미술 문화의 이해』, 예경, 2006.

한국사특강편찬위원회, 『한국사 특강』, 서울대출판부, 2008.

한국역사연구회, 『한국사강의』, 한울아카데미. 1989.

한국학중앙연구원, 『한국 민족문화 대백과사전』, 한국학중앙연구원. 1991.

한영우, 『다시 찾는 우리 역사』, 경세원, 2001.

한우근 외, 『역주 경국대전』, 한국정신문화연구원, 1985.

〈참고 웹 사이트〉

고전번역원

국사편찬위원회

독립기념관

두산 백과사전

문화재청

서울대 규장각 한국학연구원

장서각

한국역사정보통합시스템

참 한국사 이야기 3

조선 시대

기획 한국역사문화교육연구회

지은이 장득진(국사편찬위원회) · 이경찬(부천고등학교) · 이기명(죽전고등학교)
김경수(계성초등학교) · 장성익(가주초등학교) · 이동규(연신초등학교)

검토 신익수(남대전고등학교) · 한기한(대전제일고등학교) · 명재림(근명중학교)

감수 최병도(전 경기고등학교) · 김병규(전 상당고등학교 교장) · 김유성(죽전고등학교 교장)

펴낸이 최병식
펴낸날 2018년 3월 14일
펴낸곳 주류성출판사
주소 서울특별시 서초구 강남대로 435 주류성빌딩 15층
전화 02-3481-1024(대표전화)
팩스 02-3482-0656
홈페이지 www.juluesung.co.kr

값 14,000원

잘못된 책은 교환해 드립니다.
이 책은 아모레퍼시픽의 아리따글꼴을 일부 사용하여 디자인 되었습니다.

ISBN 978-89-6246-338-5 44910(세트)
ISBN 978-89-6246-341-5 44910